# HISTOIRE

## GÉNÉALOGIQUE ET CHRONOLOGIQUE

## DE LA FAMILLE

# DE MARTRIN-DONOS;

Par J. V. DE M.-D.

TOULOUSE,

IMPRIMERIE DE CHARLES DOULADOURE,

RUE SAINT-ROME, 39.

1863.

# NOTICE

## SUR LA MAISON

# DE MARTRIN DU ROUERGUE.

L<small>A</small> famille de Martrin, une des plus considérables du territoire de Camarès, en Rouergue, tire son origine et son nom du Bourg-de-Martrin en Camarès. Il existe encore des restes du vieux château occupé par plusieurs générations successives de cette famille pendant une période de temps qu'aucun document actuel ne peut préciser.

Les nombreuses possessions dont jouissaient les seigneurs de Martrin, étaient, pour la plupart, autour de ce bourg ; et nous n'avons d'autres traces de l'époque où cette famille abandonna le lieu de sa naissance, qu'une tradition conservée précieusement jusqu'à nos jours.

Cette tradition nous apprend que le château de Martrin et les terres qui en dépendaient, furent cédés ou donnés à l'ordre de Saint-Jean de Jérusalem par le chef de cette famille, sous la condition expresse qu'un membre de chaque génération future de la famille de Martrin serait reçu de droit dans cet ordre.

Nous ajouterons, afin de donner plus de force à cette tradition, que, vers l'an 1780, un commandeur de l'ordre de Malte, en visite au château de Dernacueillette, dans les Hautes-Corbières, en Languedoc, rapporta que, dans les archives de l'ordre, ils avaient des titres qui prouvaient que le lieu de Martrin avait été donné à l'ordre de Saint-Jean de Jérusalem par un membre de la famille de Martrin, mais qu'il ne pouvait préciser l'époque de cette donation.

Ce commandeur tint ce propos en présence de Rose de Bosc, dame de Dernacueillette, femme de Guillaume de Martrin, seigneur de Donos, et en celle de Marc-Antoine de Martrin-Donos leur fils, duquel nous le tenons nous-même.

Quant à l'époque de cette donation, nous dirons que si nos recherches n'ont pas eu le résultat que nous en attendions, elles nous ont néanmoins induit à la rapporter vers l'année 1200.

Après cette époque, en effet, nous voyons la famille de Martrin habiter le château et la terre de Ferrayrolles auprès de Martrin. Ce château dominait une profonde vallée dans la direction d'Esplas; on y montait par une route sinueuse assez large, qui côtoyait la grande et belle prairie qui s'étend encore de l'emplacement du château jusqu'au fond de la vallée.

A la place qu'occupait le château de Ferrayrolles est aujourd'hui une habitation plus que modeste, et il ne reste de la demeure de cette ancienne famille que la base d'une tour colossale qui contient une portion du bel escalier principal de l'ancien château, et quelques pans du vaste mur d'enceinte qui le reliait à la chapelle, laquelle aujourd'hui en est séparée par d'immenses décombres. Quoique fort en ruine, nous avons pu encore fléchir le genou devant l'autel du Dieu de nos pères, et voir à la clé de la voûte les armes des Martrin, qui sont : *d'or à l'aigle couronné de gueules.*

Le 30 décembre 1349, environ un siècle et demi après que la famille de Martrin eut abandonné le lieu de sa naissance, Bernard de Martrin, seigneur de Ferrayrolles, acheta à noble Brenguier de Mallemort le fort château d'Esplas en Camarès, et la seigneurie dudit lieu, ayant titre de baronie, et dès lors le château d'Esplas devint la principale résidence de la famille.

Nous pourrions rapporter ici à l'appui les documents que nous possédons, mais nous aimons mieux laisser la parole au savant et consciencieux chroniqueur du Rouergue, M. de Barrau.

Le château d'Esplas, dit-il, anciennement *des Plos* ou *des Plots* ( de Planis ), assemblage de quatre corps de logis, liés par des tours, avec cour intérieure, est situé dans un enfoncement circulaire qui présente, à son sommet, une des montagnes de l'ouest du Camarès. Son existence remonte, d'après les titres, à l'année 1261. Dans la cour est une vaste citerne creusée dans le roc, ayant 16 mètres de profondeur.

La tour du nord, véritable donjon, de forme carrée, est remarquable par sa force et sa solidité ; les murs, construits en dalles énormes, ont 1 mètre 70 centimètres d'épaisseur. Avant la révolution, elle était armée de trois canons et de douze fusils de rempart (1).

Les trois autres tours sont rondes et de moindre dimension ; en 1793 elles furent démolies jusqu'au niveau du reste du bâtiment ; les fossés ont depuis longtemps été comblés par les débris du mur extérieur d'enceinte, et leur place se trouve aujourd'hui marquée par de gracieuses plantations.

Le château d'Esplas commande le village, qui est bâti tout autour.

En 1261, dit toujours M. de Barrau, Guillaume du Pont, seigneur du Pont de Camarès, maria sa fille Jeanne à Bernard de Berenger de Mallemort, et lui donna en dot les fiefs d'Esplas, de Lauzières et de Saint-Martin, qu'il détacha de sa terre principale. Telle est l'origine de l'ancienne seigneurie d'Esplas, dont Bernard de Martrin fit l'acquisition de Brenguier de Mallemort et d'Arnaud Brenguier son fils, le 30 décembre 1349.

Il suit de là, ajoute le savant chroniqueur, que la terre d'Esplas pouvait être considérée comme baroniale ; car saint Louis, dans le but d'affaiblir la haute féodalité, avait disposé dans ses *établissements*, que lorsque à l'avenir un seigneur titré démembrerait sa terre pour doter un de ses enfants, la partie démembrée conserverait le titre de la terre-mère. Or, c'est bien sous l'empire des *établissements* de ce roi qu'eut lieu le démembrement de la baronie du Pont-de-Camarès.

Du reste, un titre postérieur ne laisse aucun doute à cet égard. Ce sont des lettres patentes qui autorisent l'érection de fourches patibulaires *in terra et baronia de Planis*.

(Extrait des documents historiques et généalogiques sur les familles du Rouergue ; par M. de Barrau, t. iii, page 491, article *de Martrin.*)

_____

(1) Un de ces canons avait été donné à titre d'honneur au seigneur d'Esplas par le roi Charles VIII. Enlevé pendant la révolution par les autorités de Valence, il fut rendu plus tard à M. de Martrin, qui habite cette petite ville, et le possède encore. (*de Barrau.*)

Ainsi donc, d'après M. de Barrau et les lettres patentes signalées, le titre de baron est un titre acquis à la famille de Martrin, qui, indépendamment des terres de Ferrayrolles et d'Esplas, possédait encore de vastes propriétés autour de la ville du Pont-de-Camarès, et autour de celle de Saint-Sernin (1).

Nous possédons un acte précieux de 1349 qui nous apprend que Hélyot de Martrin, *précepteur* de l'ordre de Saint-Jean de Jérusalem, était présent lorsque Bernard de Martrin, son frère, reçut l'hommage et serment de fidélité des habitants du lieu et dépendances d'Esplas.

Nous attachons d'autant plus de prix à cette pièce, qu'une tradition de famille, et plusieurs notes éparses dans les archives des diverses branches, attestaient qu'il y avait eu un commandeur de l'ordre de Malte dans la famille de Martrin.

Or, d'après l'histoire des chevaliers hospitaliers de Saint-Jean de Jérusalem, par M. de Vertot, et l'histoire des ordres religieux et militaires par le R. P. Hélyot, le titre de *précepteur* de l'ordre de Saint-Jean de Jérusalem, correspondait à celui de *commandeur* adopté plus tard par l'ordre de Malte ; de façon que la famille de Martrin est bien réellement fondée à dire qu'un de ses membres a été *commandeur* de l'ordre de Malte ; opinion, du reste, partagée par M. de Barrau, qui dit : « Héliot de Martrin, précepteur ( commandeur ) de l'ordre de Saint-Jean de Jérusalem.

Nous regrettons bien vivement que les documents que nous possédons ne nous permettent point de remonter la généalogie de la famille de Martrin jusqu'aux premiers membres qui possédaient la terre de Martrin, autrement que par les citations que nous avons données ci-dessus. Mais, fidèles au but que nous nous sommes tracé, et qui nous recommande la plus fidèle exactitude, nous ne ferons figurer ici que le nom et l'histoire des membres sur lesquels nous avons des documents certains.

En cela nous sommes assurés d'avoir l'assentiment de toutes les personnes honorables, et d'imprimer à l'œuvre que nous avons entreprise un caractère de vérité et d'authenticité qui se trouvera en rapport avec

---

(1) Nous suivrons l'exemple des anciens seigneurs d'Esplas, qui n'ont pas cru avoir besoin de relever leur nom par le titre de Baron, et nous le laisserons pour mémoire.

les sentiments de loyauté et d'honneur qui, de tous les temps, ont été l'apanage de la famille de Martrin.

Nous avons pris nos principaux documents dans les archives de la famille; nous avons aussi beaucoup emprunté à l'excellent ouvrage déjà cité de M. de Barrau sur les familles du Rouergue ; à celui du marquis d'Aubays intitulé : *Pièces fugitives pour servir à l'histoire de France ;* au *Nobiliaire* de M. de Milleville ; au *Nobiliaire d'Auvergne* de M. Bouillet ; à l'*Armorial du Languedoc,* par M. de Larroque, et à plusieurs autres écrits, sur la fidélité desquels nous avons cru pouvoir compter.

Dans la généalogie qui va suivre nous considérons Bernard de Martrin comme la souche ; laquelle se divisera en plusieurs rameaux, que nous suivrons chacun en particulier jusqu'aux derniers membres existants. La branche alliée aux Donos s'arrêtera à cette alliance pour être continuée à l'article de Donos jusqu'aux membres vivants aujourd'hui. Ces ramifications diverses composeront ensemble la *généalogie de la famille de Martrin-Donos.*

# GÉNÉALOGIE

## DE LA FAMILLE DE MARTRIN.

Seigneurs : De Martrin, de Ferrayrolles, d'Esplas, de Serregrand, de Saint-Sernin, de Saint-Martin, d'Ouveillan, de Pènedès, de Donos, de Dernacueillette, de La Garde, etc.

Sieurs : de La Ginie, de Bladiès, de Montredon, de Vialaret, du Pouget, de Cambors, de Puech-Blanc, de Massac, de Saint-Estève, de Poursa, d'Esperget ( ou du Perget ), des Combes, de La Valade, de La Bouygue, etc.

( En Rouergue, en Albigeois, en Languedoc et en Auvergne. )

## BRANCHE

### DES SEIGNEURS D'ESPLAS

#### ( EN ROUERGUE. )

Armes : d'or, à l'aigle couronné de gueules.

## I.

BERNARD DE MARTRIN, écuyer, seigneur d'Esplas, seigneur de Ferrayrolles, de Serregrand, de Saint-Sernin, etc,, fit l'acquisition de la terre et seigneurie d'Esplas, appartenant à noble Brenguier de Malemort, et à son fils Arnaud Brenguier, descendants de Jeanton du Pont, seigneuresse d'Esplas, le 30 décembre 1349 (1).

Les habitants du lieu et de la terre d'Esplas lui rendirent hommage, et prêtèrent serment de fidélité à cette même époque, en présence de Brenguier de Malemort et de son fils, par acte retenu par Me Pierre

---

(1) Archives de la famille de Martrin-Donos. — Arch. du château d'Esplas. — De Barrau, Documents historiques sur les familles du Rouergue.

Borio, notaire de Rodez. D'après le même acte, Bernard de Martrin était assisté dans cette prise de possession par son frère *Hélyot de Martrin*, *précepteur ( commandeur ) de l'ordre hospitalier de Saint-Jean de Jéru-salem* (1).

Il prêta hommage et serment de fidélité au roi pour le château et la seigneurie d'Esplas (2).

Le 20 janvier 1360, le Révérend Père Me Pons de Olargues, prévôt de l'église de Maguelonne, et du consentement de tous les chanoines, ratifia la vente anciennement faite à noble Bernard de Martrin, de la ville d'Esplas, et Mazaiges en dépendant, acte signé Aymeric Reich, notaire (3).

Un titre assez curieux porte concordat de chasse entre les seigneurs d'Esplas et les habitants dudit lieu, du 2 janvier 1373 (4).

Les Anglais, ayant attaqué le château d'Esplas, éprouvèrent la plus vive résistance de la part de Bernard de Martrin, qui les obligea à en abandonner le siége, après néanmoins que les habitants d'Esplas eurent souffert toutes les horreurs de la guerre, et après que le seigneur lui-même eut vu tomber plusieurs de ses enfants sous le fer de ses ennemis ; perte bien cruelle et confirmée, du reste, par une sentence du sénéchal du Rouergue, du 18 octobre 1376, qui en fait mention et qui ordonne aux habitants d'Esplas de garder le château nuit et jour, comme ils y sont obligés d'après les actes des 20 janvier 1364 et 14 octobre 1367, passés entre ledit Bernard de Martrin, seigneur d'Esplas, et les consuls et habitants dudit lieu, concernant la tour et la forteresse dudit château (5).

FEMME :

ENFANTS :

1° Brenguier ou Bérenger qui suit ;

2°, 3° Les autres enfants morts à l'attaque du château d'Esplas, etc.

_____

(1) Voir aux notes A.

(2) Arch. de Martrin-Donos. — Arch. du Ch. d'Esplas. — De Barrau.

(3) Arch. du Ch. d'Esplas.

(4) Arch. du Ch. d'Esplas.

(5) Arch. du Ch. d'Esplas. — De Barrau, Hist. du Rouergue.

## II.

BRENGUIER ou BERENGER DE MARTRIN, écuyer, seigneur d'Esplas, seigneur de Ferrayrolles, de Serregrand, de Saint-Sernin, etc., était fils et successeur de Bernard de Martrin, d'après les productions des pièces relatives à la recherche des francs-fiefs, en faveur de noble Jean de Martrin, et reçues à Toulouse le 15 juin 1676, par Cabannes, pour M. de Mariette (1).

Brenguier de Martrin testa le 6 mars 1411, et fit une donation, conjointement avec sa femme, en faveur de noble Guillaume de Martrin leur fils, en date du 4 juin de la même année 1411, reçue par Me Jean Aymeric, notaire (2).

**DE LÉVIS.**
—
D'or, à trois chevrons de sable.

FEMME : Jeanne de Lévis, fille de Raymond de Lévis, à laquelle il donne tout son mobilier et fait plusieurs autres dons dans le testament déjà cité, du 6 mars 1411, retenu par Me Pierre Monatchi, notaire public.

**ENFANTS :**

Iº Bertrand de Martrin, écuyer, seigneur d'Esplas, seigneur de Ferrayrolles, de Serregrand, de Saint-Sernin, etc., prêta hommage et serment de fidélité au roi pour la seigneurie d'Esplas, dans les mains de Lardit de Bar, écuyer, sénéchal du Rouergue, le 12 janvier 1461 (3); il eut deux enfants, savoir :

**DE NARBONNE.**
—
De gueules plein.

A. Brenguier de Martrin, qui épousa, en 1480, Louise de Narbonne, fille d'Antoine de Narbonne, seigneur de Loupian, dont il n'eut point d'enfants.

B. Olivier de Martrin, qui fit une quittance à son père de ses droits de légitime, en date du 29 janvier 1483, reçu par Me Antoine Bouthaume, notaire à Léaumont (4). Il mourut sans laisser de postérité.

---

(1) Arch. de MM. de Martrin d'Albigeois.
(2) Arch. du Ch. d'Esplas. — Arch. de MM. de Martrin d'Albigeois.
(3) Arch. du Ch. d'Esplas. — Arch. de MM. de Martrin d'Albigeois.
(4) Arch. du Ch. d'Esplas.

IIᵒ Lombarde de Martrin, ayant épousé Arnaud Campriel de Saint-Afrique, vivante en 1411.

IIIᵒ Jacobe, vivante en 1411.

IVᵒ Aranguarte ( Aranguaritam ), vivante en 1411.

Vᵒ Catherine, vivante en 1411.

VIᵒ Olivier ou Olman de Martrin qui suit :

VIIᵒ Arnaud de Martrin, auteur de la branche de Ferrayrolles, établie plus tard en Languedoc, où elle existe sous le nom de Martrin-Donos, et continuant la famille de Donos ci-après.

VIIIᵒ Bernard de Martrin ( Monacho ) à l'église cathédrale de Vabres, vivant en 1411.

IXᵒ Charles de Martrin, auquel Brenguier son père donna le château de Saint-Sernin.

Xᵒ Jean de Martrin, vivant en 1411.

XIᵒ Guillaume de Martrin, qui épousa, le 4 juin 1411, Eudie (Eudiam) de Raffin, fille de Raymond-Pierre de Raffin, écuyer, comte de la Raffinie, au diocèse de Rodez, par contrat retenu par Mᵉ Bernard Roussel, notaire (1).

DE RAFFIN.

D'azur à deux raffés ou radis d'argent, mis en pal.

### III.

OLIVIER ( ou Olman ) DE MARTRIN, qualifié chevalier dans plusieurs actes, seigneur d'Esplas, co-seigneur de Ferrayrolles, de Serregrand, etc., succéda, pour la baronnie et la seigneurie d'Esplas, à son frère Bertrand et à ses enfants, décédés, en vertu des substitutions de Brenguier son père. Il vendit quelques fiefs à Collet, notaire de Saint-Félix de Sorgues, en 1447 (2).

FEMME : Hélips ou Hélix d'Adhémar, fille de Rigaud ou Rigal d'Adhémar-Villelongue, et de Célébie de Barreria ( de La Barrière ), petite-nièce de Pierre de La Barrière, cardinal-évêque d'Autun (3). Son mariage

D'ADHÉMAR ou D'AZÉMAR.

D'or, à trois bandes d'azur.

---

(1) Arch. du Ch. d'Esplas.
(2) Arch. du Ch. d'Esplas. — Arch. de Martrin d'Albigeois.
(3) Arch. de Ch. d'Esplas. — De Barrau.

eut lieu en 1455. Elle ratifia une quittance faite par son mari Olivier de Martrin, pour une partie de sa dot, par un acte du 29 mai 1466, pardevant Jean Hlevon, notaire (1).

ENFANTS :

I°   Jean de Martrin qui suit :

II°   Barthélemy de Martrin, qui fait une donation, le 5 décembre 1512, en faveur de son neveu Alexis de Martrin (2), et dont le testament, du 1er janvier 1535, fut retenu par Etienne Balat, notaire d'Ignoux (3).

III°   Catherine de Martrin, qui épousa, le 10 janvier 1494, Guillaume du Caylar, seigneur d'Espondillan, dont postérité. L'acte de mariage est en patois (4).

## IV.

JEAN DE MARTRIN, Ier du nom, écuyer, seigneur d'Esplas, capitaine châtelain de Roquecézières, était un des officiers les plus distingués de Sa Majesté Charles VIII dans sa province de Rouergue.

En raison des services qu'il avait rendus à la couronne, il fut pourvu, le 10 décembre 1484, par le sire d'Albret, curateur de la personne et des biens du comte Charles d'Armagnac, du commandement des places de Bennaven et Montézic, et par lettres patentes du roi Charles VIII, en date du 25 mai 1485, de l'office de capitaine châtelain du château de Roquecézières, « récompense due, disent ces lettres, aux grands et recommandables services rendus à Sa Majesté par son très cher ami Jehan de Martrin : » expressions flatteuses qui témoignent hautement de la considération et des mérites de Jean de Martrin (5).

D'après une tradition, à laquelle nous n'avons pu joindre aucun titre à l'appui, Jean de Martrin fit des prodiges de valeur à la bataille de

---

(1) Arch. du Ch. d'Esplas.
(2,3) Arch. du Ch. d'Esplas. — De Barrau. — Arch. de Martrin d'Albigeois.
(4) Arch. de Martrin-Donos. — Arch. de Martrin d'Albigeois.
(5) Arch. de Martrin-Donos. — De Barrau.

Fornoue, si glorieuse pour la France, et il eut l'insigne honneur de recevoir pour sa bravoure, et à titre de récompense militaire, deux pièces d'artillerie, dont une est encore aujourd'hui au pouvoir d'Auguste de Martrin, représentant de la branche de Martrin d'Albigeois.

FEMME : Catherine de Puech (ou d'el Puech), dont le mariage eut lieu le 15 décembre 1507 (1).

DE PUECH OU D'EL PUECH.

De sable, à l'aigle d'or ; à l'épée de gueules brochante sur le tout.

### ENFANTS :

Iº Alexis de Martrin qui suit :

IIº Guillaume de Martrin-d'Esplas, vivant le 20 novembre 1546, époque où il habitait le château d'Esplas, suivant une transaction rapportée à l'article d'Alexis de Martrin son frère.

## V.

ALEXIS DE MARTRIN, écuyer, seigneur d'Esplas, avait hérité des biens de son oncle Barthélemy de Martrin, par suite de la donation qu'il lui avait faite, en date du 5 décembre 1512. Il signa, le 20 décembre 1546, au château d'Esplas, avec son frère Guillaume, une transaction passée entre Jean de Martrin, seigneur de Ferrayrolles et son frère Charles de Martrin (2).

Le testament d'Alexis de Martrin, du 29 mars 1572, retenu par Me Cabrol, notaire de Combret, nous apprend le nom de sa troisième femme et l'époque où elle vivait, ainsi que le nom de ses enfants, vivants en 1572 (3).

Ire FEMME : Jacquette d'Homs-Patau, fille d'Homs-Patau et de Marie d'Elpuech, par contrat du 15 juin 1534, morte sans laisser de postérité.

IIme FEMME : Françoise de Gizard, dont le mariage fut célébré le 3 février 1546, et de laquelle il eut :

DE GIZARD.

D'argent, à la face de Gueules.

(1) Arch. de Martrin d'Albigeois. — Ch. d'Esplas.
(2) Arch. de Martrin-Donos. — Arch. de Martrin d'Albigeois.
(3) Arch. de Martrin d'Albigeois. — Arch. du Ch d'Esplas.

ENFANTS :

I⁰ Jean de Martrin qui suit :

II⁰ Jeanne de Martrin-d'Esplas, qui était veuve, en 1572, de
Joseph de Narbonne :

III⁰ Louise,

IV⁰ Claire,  } vivantes en 1572.

V⁰ Lucie,

IIIᵐᵉ FEMME : Claire de la Redorte, qui vivait sans enfants en 1572.

## VI.

JEAN DE MARTRIN, II⁰ du nom, écuyer, seigneur d'Esplas, mentionné dans l'inventaire des pièces et productions des titres reçus par
M. de Mariette en 1676, vivait en 1599 d'après un acte original, et fit
son testament en date du 20 septembre 1612 (1).

D'ALBERT.

—

D'or, au lion de
Gueules, armé Lam-
passé et couronné
de même.

FEMME : Thomasse d'Albert, dont le contrat de mariage fut passé
le 11 novembre 1565 (2).

ENFANTS :

I⁰ Jacques de Martrin, mort sans enfants, qui avait nommé pour son
héritier, Jean de Martrin son neveu, avec clauses de substitution en faveur de François de Martrin, sieur de Bladiés, fils
dudit Jean de Martrin (3).

II⁰ Marquès de Martrin qui suit :

## VII.

MARQUÈS DE MARTRIN, seigneur d'Esplas, sieur de la Ginie, de
Bladiès, de Montredon, etc., fournit au Roi, le 19 décembre 1609, son
dénombrement pour raison des seigneuries, rentes et fiefs nobles qu'il
possédait dans le pays de Rouergue, relevant de Sa Majesté, dans lequel

---

(1) Arch. de Martrin d'Albigeois.
(2) Arch. de Martrin d'Albigeois. — Ch. d'Esplas.
(3) Arch. du Ch. d'Esplas.

dénombrement sont compris la terre et le village *des Plots*, avec justice haute, moyenne et basse, confrontant avec les seigneurs de Rebourguil, de Beaumont, de Combret, de Saint-Juery et d'Hunoux ; et audit village *des Plots*, un château orné de quatre tours, que ledit seigneur dénombrant tient en foi et hommage de Sa Majesté (1).

Marquès de Martrin rendit hommage à Marguerite de Valois pour un grand nombre de fiefs dans la juridiction de Valence en Albigeois, et prêta hommage et serment de fidélité au roi Louis XIII, pour la seigneurie d'Esplas, le 14 juillet 1627 (2).

FEMME : Christine Diane de l'Estang, fille d'Antoine de Murat de l'Estang, seigneur de Pomayrols en Rouergue, et de Jeanne de Bérail de Paulhac ; leur contrat de mariage est daté du 7 octobre 1599, et fut passé en présence de Jean de Pellegrin, seigneur de Laroque ; Jacques de Saint-Maurice dit Corbeyrac, seigneur de Mas ; Louis du Chayla, seigneur de la Gozonié ; Jacques de Souveyran, seigneur de La Garde ; Filip. de la Caparone, seigneur de Rusac ; Raymond de Flanin, seigneur de la Chapelle ; Tristan de Pons, seigneur de la Bruyère ; Jean de Prévinquières, seigneur de Saint-Amans ; Jacques de Martrin, seigneur du Pouget ; François Duran, seigneur de la Boygue ; Jean Durand son frère ; Jean Dortiguié, seigneur du Soulié ; Louis d'Assas, seigneur d'Albrac, etc..... reçu et expédié par Gilles, notaire (3).

DE MURAT DE L'ESTANG.

—

D'azur a trois fasces crénelées d'argent; la 1re de cinq créneaux, la 2me de quatre, et le 3me de trois ; celle-ci ouverte en porte ronde au milieu, le tout muraillé et maçonné de sable.

ENFANTS :

I° Jean de Martrin qui suit :

## VIII.

JEAN DE MARTRIN, IIIe du nom, écuyer, seigneur d'Esplas, sieur de la Ginie, de Bladiès, de Montredon, etc., émancipa judiciairement son fils François de Martrin, sieur de Bladiès, le 7 juin 1651 (4), et lui abandonna la jouissance de la moitié de ses biens. Il fit faire un ar-

(1) Arch. du Ch. d'Esplas. — De Barrau.
(2) Arch. de Martrin d'Albigeois. — Arch. de Martrin-Donos.
(3) Arch. de Martrin-Donos. — De Barrau.
(4) Arch. de Martrin d'Albigeois. — Ch. d'Esplas.

pentement et reconnaissance de ses seigneuries, fiefs, et possessions par-devant Massier, notaire d'Ambialet, le 31 mars 1659, et fit passer un accord entre tous les enfants, pour régler définitivement leurs affaires (1).

Jean de Martrin produisit ses preuves de noblesse et fut relaxé de l'assignation à lui donnée à ce sujet, le 15 juin 1676 (2); il testa par-devant Boutes, notaire royal, le 7 novembre 1683 (3).

D'ALBOY
DE MONTROZIER.
—
D'azur, au chêne d'argent, fruité de sinople ; addextré d'une main de carnation, tenant une épée d'argent garnie d'or.

FEMME : Jeanne d'Alboy, fille de noble Jacques d'Alboy, seigneur de Montrozier, et d'Anne de Benaven ; leur contrat fut passé le 4 octobre 1627, et reçu et expédié par Cambon, notaire royal du lieu de Trébas (4); elle testa le 5 janvier 1664 (5).

ENFANTS :

Iº François de Martrin sieur de Bladiès qui suit :

IIº Charles de Martrin sieur de Montredon, qui fixa sa résidence à Valence en Albigeois, et dont la postérité est rapportée ci-après.

DE MARTRIN
AU PONT
DE CAMARÈS.
—
De gueules, à l'aigle couronné d'argent.

IIIº François de Martrin sieur de Saint-Martin, écuyer, habitait le Pont-de-Camarès où il possédait plusieurs fiefs autour de la ville. Il épousa N..... de Bœuf, fille de Jean de Bœuf, seigneur de Laur, vivante en 1721, selon l'acte de partage fait au château d'Esplas à cette époque.

ENFANTS :

Iº Jean de Martrin, écuyer, seigneur de Saint-Martin, qui était né vers 1675, puisque nous voyons dans les registres de l'état civil de la ville de Camarès, qu'il est mort le 10 mai 1710, âgé de 35 ans. Il signa, ainsi que son père, le contrat de mariage d'Antoine Montéty, sieur de la Pradelle, et de demoiselle Isabeau de Bœuf ; et celui de Charles de Mazars, seigneur de La Garde, avec Catherine de Calmels, célébré dans l'église de Prugnes en 1699 (6).

(1) Arch. de Martrin d'Albigeois. — Ch. d'Esplas.
(2, 3) Arch. de Martrin d'Albigeois. — Arch. du Ch. d'Esplas.
(4, 5) Arch. de Martrin d'Albigeois. — Arch. du Ch. d'Esplas. — Arch. de Martrin-Donos.
(6) État civil de la ville du Pont-de-Camarès.

Jean de Martrin avait épousé Marianne d'Auldoux , fille de noble Jean d'Auldoux et d'Anne de Cabrol de Roquefère (1) , de laquelle il eut entre autres enfants :

A. Barthélemy de Martrin , écuyer , seigneur de Saint-Martin , baptisé le 14 février 1710, habitant la ville du Pont-de-Camarès et vivant en 1776 (2).

Le 6 janvier de cette même année , il possédait encore le terroir de Fangüèse , situé sur le chemin qui conduit à Andabre ; il écrivit au chef de la branche de Martrin-Donos , pour offrir à l'un de ses membres de venir recueillir son héritage et continuer la branche ; mais il paraît qu'aucun d'eux ne fut en position de répondre à ses avances , et Barthélemy mourut après avoir disposé de ses biens et sans laisser de postérité (3).

B. Jean de Martrin , baptisé le 25 mars 1705. Son parrain fut Jean d'Auldoux , seigneur de Roquefère , et sa marraine Catin de Pujol. Il mourut vers 1750 , pourvu de la charge de conseiller du roi (4).

C. Jean-François de Martrin , baptisé le 6 août 1706 , mort sans postérité (5).

IV° Marguerite de Martrin qui avait épousé Bernard.......

V° Jean de Martrin sieur de Vialaret.

VI° Marquise de Martrin qui épousa Pierre de Gisclard , écuyer de la ville d'Ambialet , frère de Jean de Gisclard , prêtre, seigneur de Pratlong (6).

VII° Alexis de Martrin sieur de Pouget et de Cambors, obtint la cession en sa faveur du domaine de Cambors et du moulin de Pouget , sis auprès de Valence en Albigeois, de ses frères , François de Martrin sieur de Bladiès, et Jean de Martrin sieur de Vialaret, dans un acte passé au château d'Esplas, le 14 avril 1684 (7).

DE MARTRIN
DE POUGET.
—
De gueules, à l'aigle couronné d'or.

---

(1, 2, 3) État civil de la ville du Pont-de-Camarès.
(4, 5) État civil du Pont-de-Camarès.
(6, 7) Arch. de Martrin d'Albigeois.

FEMME : Marie de Clergue de Latonié, par acte du 22 janvier 1701. Elle était veuve le 8 juin 1739, quand elle et ses filles firent une subrogation à Pierre de Martrin sieur de Puechblanc pour leurs droits, sur les biens d'Alexis (1).

ENFANTS :

DE CARCENAC.

D'argent à deux chaînes de sable, posées en face.

I° François de Martrin, écuyer, sieur de Pouget et de Cambors, épousa Anne de Carcenac, demeurant à la Bessié, près Valence, de laquelle il eut :

    A. Magdeleine de Martrin.

    B. Marie de Martrin, qui épousa, le 16 juillet 1777, N..... Calmès, avocat en parlement, domicilié à Saint-Just en Rouergue, duquel mariage sont issus quatre enfants dont l'aîné, Marie-Joseph-Louis CALMÈS, est né en 1778, et mort conseiller à la Cour royale de Toulouse (2).

    C. Charles de Martrin de Cambors, prêtre.

II° Marie de Martrin, qui épousa, le 2 décembre 1738, par-devant Bosc, notaire, noble Jacques-Philippe de Rames de la Salle, dont une fille Marie de Rames de la Salle (3).

Jacques-Philippe de Rames de la Salle était mort en 1770, et était fils d'Antoine et d'Antoinette de Sérigneau, laquelle était veuve aussi en 1770. Marie de Martrin habitait Saint-Benoist, près Carmaux, lorsqu'elle prit pour procureur fondé, Joseph-Bernard-Charles de Martrin d'Esplas, pour régler ses affaires relatives aux biens délaissés par Jean-Innocent de Rames de la Salle, fils de ladite de Sérigneau, en date du 25 décembre 1770, par-devant Serres, notaire de Rosières près Carmaux (4).

III° Magdeleine de Martrin, qui habitait Gaillac et fit donation à son frère François de Martrin sieur de Pouget, par acte du 22 octobre 1772 (5).

(1) Arch. de Martrin d'Albigeois.
(2,3,4,5) Arch. de Martrin d'Albigeois.

## IX.

FRANÇOIS DE MARTRIN, écuyer, seigneur d'Esplas, sieur de Bladiès, etc.., eut des affaires à régler avec Jean de Vezins de Levezou, frère de sa première femme, et il obtint en sa faveur une sentence du sénéchal de Villefranche, en date du 6 décembre 1699 (1).

Il vendit avec faculté de rachat à Charles, Alexis et Jean de Martrin, ses frères, plusieurs fiefs et rentes, entre autres le fief d'El Périé, et ceux de Cambors et de Pouget, situés dans la juridiction de Valence en Albigeois; il fit un accord avec Pierre de Gisclard son beau-frère, à Coupiac près de Martrin, et dans la maison du sieur de Nozier, seigneur de Laval, en date du 14 juillet 1685, et mourut le 25 novembre 1698 (2).

Ire FEMME : Marguerite de Vesins, sœur de Jean de Vezins de Levezou, dont le mariage eut lieu le 22 juin 1654; elle fit plusieurs légats, entre autres à Alexis de Martrin de Pouget, à Jean de Martrin sieur de Vialaret et à Marguerite de Martrin; lesquels légats leur furent payés au partage fait entre les héritiers de François de Martrin son mari; elle mourut sans postérité (3). Elle était fille de Jean de Levezou de Vezins et d'Anne de Garceval.

DE VESINS.

De gueules à trois clés d'or mises en pal.

IIme FEMME : Isabeau de Nozier, fille de noble François de Nozier, seigneur de Laval et de feue Gabrielle Dupuy, de la ville de Saint-Sernin, et petite-fille de Pierre Dupuy, conseiller du roi et son juge en ladite ville de Saint-Sernin, et d'Isabeau de Tourbes (4).

DE NOZIER.

D'argent, au noyer arraché de sinople.

L'acte de son mariage est du 7 octobre 1680, et mentionne une donation de sa tante Jeanne de Nozier, femme de Bernard de la Salle, seigneur de Lavalette. Etaient présents au contrat : Alexis de Martrin sieur du Pouget, frère; Jean-Pierre de Nozier, frère d'Isabeau; Pierre de Marcillac, sieur de Laroque de Montalègre, et François de Corcoral sieur de Masgranet y habitant (5).

---

(1, 2) Arch. de Martrin d'Albigeois.
(3) Arch. de Martrin d'Albigeois.
(4, 5) Arch. de Martrin d'Albigeois. — Ch. d'Esplas.

Isabeau de Nozier était une très-belle femme, d'après son portrait qui est encore aujourd'hui dans le salon d'honneur du château d'Esplas; elle testa le 27 août 1710, et mourut à Vabres le 8 juillet 1711, laissant une nombreuse postérité, et pour héritier universel, son fils François de Martrin sieur de Bladiès (1).

### ENFANTS :

I° François de Martrin sieur de Bladiès qui suit :

II° Jeanne de Martrin-d'Esplas, qui après la mort de son frère François hérita de la terre et du château d'Esplas; elle épousa Jean-Baptiste de Boziat de Mantelet, originaire de Nevers, dont elle eut, entre autres enfants, une fille, Marie-Jeanne de Boziat, qui épousa Jean-Marc-Alexandre de Gaujal de Montalègre ; de ce mariage est issue une fille unique, Anne de Gaujal de Montalègre, qui apporta le château d'Esplas à son mari Jean-Pierre de Cambiaire du Fraysse, et qui est encore la propriété de ses descendants (2). Le portrait de Jeanne de Martrin-d'Esplas, orne encore aujourd'hui le salon d'honneur du château d'Esplas.

III° Marthe de Martrin-d'Esplas, épouse de Charles de Bardières de Bornussel, qui vivait le 1er décembre 1723, époque à laquelle Marthe, du consentement de son mari, nomma Alexis de Martrin, chanoine de Vabres, son procureur fondé, pour régler les affaires qu'elle avait avec Jean-Baptiste de Boziat son beau-frère (3). Marthe se désista du droit de rachat qu'elle avait, tant de rentes nobles et autres laissées par son père à Charles de Martrin-d'Esplas sieur de Montredon, en faveur de Pierre de Martrin-d'Esplas sieur de Puechblanc, son cousin germain, par acte du 16 novembre 1720, par-devant Rey, notaire. Marthe hérita de son frère Joseph de Martrin, et laissa postérité (4).

---

(1) Arch. du Ch. d'Esplas. — de Barrau. — Arch. de Martrin d'Albigeois.
(2) Arch. du Ch. d'Esplas. — de Barrau.
(3, 4) Arch. de Martrin d'Albigeois. — Arch. du Ch. d'Esplas.

IV° Gabrielle de Martrin-d'Esplas, épouse d'André Pujol, de la ville de Saint-Sernin (1).

V° Joseph de Martrin-d'Esplas, prêtre, bénéficier au chapitre de Saint-Just de Narbonne, fit héritière sa sœur Marthe de Martrin (2).

VI° Louis de Martrin-d'Esplas, prêtre et chanoine à Saint-Sernin.

VII° Anne de Martrin-d'Esplas, habitant le château d'Esplas.

VIII° Marie de Martrin-d'Esplas, mort avant le 12 mars 1713, époque à laquelle se fit le partage des biens de François de Martrin son père, entre ses frères et sœurs, dans la ville de Saint-Sernin (3).

IX° Marguerite de Martrin-d'Esplas, religieuse au couvent de Saint-Affrique, et dont Jeanne de Martrin-d'Esplas, sa sœur, reçut la portion d'héritage par suite des arrangements qu'elles avaient fait ensemble (4).

## X.

FRANÇOIS DE MARTRIN, II° du nom, écuyer, seigneur d'Esplas, sieur de Bladiès, né le 19 septembre 1690 et baptisé le même jour; fut tué d'un coup de canon à la glorieuse journée de Denain, le 24 juillet 1712, pendant qu'il faisait preuve d'une énergie et d'une valeur incomparables à l'attaque des retranchements; cette mort est justifiée par le certificat du lieutenant-colonel, commandant le regiment d'infanterie de Guienne, dans lequel régiment François de Martrin-d'Esplas était Capitaine (5).

Par son testament clos et retenu par M° Cros, notaire royal de Vabres, en date du 9 mai 1709; il institua pour son héritière universelle, dame Isabeau de Nozier sa mère, à la charge de rendre son hérédité à Jeanne de Martrin-d'Esplas sa sœur, épouse de M. de Bosiat de Mantelet (6).

Ainsi finit la branche masculine des seigneurs d'Esplas, et le titre de baron d'Esplas passa aux descendants du second fils de Jean de Martrin, III° du nom, dont nous allons donner la descendance.

(1, 2) Arch. de Martrin d'Albigeois. — Arch. du Ch. d'Esplas.
(3, 4) Arch de Martrin d'Albigeois. — Arch. du Ch. d'Esplas.
(5) Arch. du Ch. d'Esplas. — de Barrau.
(6) Arch du Ch. d'Esplas.

## BRANCHE DE L'ALBIGEOIS.

Armes : de gueules, à l'aigle couronné d'or.

## IX.

CHARLES DE MARTRIN-D'ESPLAS, écuyer, sieur de Montredon, de la Ginie, de Puech-Blanc, de la Caunette, etc...., second fils de Jean de Martrin, III° du nom. et de Jeanne d'Alboy, ayant réuni par des transactions avec ses frères, les principaux fiefs de la famille, situés dans l'Albigeois, fixa sa résidence à Puech-Bésiat près Valence (1); il avait été baptisé le 8 février 1642.

Après s'être marié en 1678, il obtint un certificat de messire Louis de Crussol d'Uzès, chevalier, comte d'Amboise, sénéchal et gouverneur de Toulouse, commandant la noblesse du Languedoc, attestant les services rendus à Sa Majesté pour l'arrière-ban, en date du 12 octobre 1691 (2).

DE BOSQUET.

D'or, à trois arbres de sinople.

FEMME : Jeanne de Bosquet, fille de Messire Jean de Bosquet, lieutenant en la judicature de Valence, et de Cécile de Calvière, sœur d'Antoine, seigneur de la Bruguière. Leur contrat de mariage fut passé par-devant Assier, notaire, le 23 décembre 1678; elle était veuve en 1716 (3).

Il existe une donation en faveur de Cécile de Calvière sa mère, du 16 février 1679, ratifiée par Bousquet, prêtre, frère de Jeanne; après divers arrangements de famille, elle fit une quittance définitive à Jean de Boziat, le 1er juillet 1720 (4). Nous avons pu d'autant mieux établir la postérité de Jeanne de Bosquet, que nous possédons d'elle deux testaments dans lesquels sont nommés ses enfants; l'un du 9 février 1724, et l'autre du 4 octobre 1730 (5).

---

(1,2) Arch. de Martrin d'Albigeois.
(3,4) Arch de Martrin d'Albigeois. — Arch. du Ch. d'Esplas.
(5) Arch. de Martrin d'Albigeois.

ENFANTS :

I° Alexis de Martrin-d'Esplas, prêtre et chanoine de l'église cathédrale de Vabres, fut le procureur fondé de sa cousine Marthe
de Martrin-d'Esplas, pour le règlement de ses affaires avec
Jeanne de Martrin-d'Esplas, femme de Jean-Baptiste de
Boziat (1).

Il fut député par le chapitre de Vabres, pour vérifier les
dégâts occasionnés par la grèle dans les possessions dudit chapitre, le 24 juillet 1723 (2). Il institua pour son héritier universel et général, son frère Pierre de Martrin-d'Esplas, par
testament du 10 janvier 1738, passé par-devant Bosc, notaire
royal de Valence (3).

Le 5 août de la même année, il donna sa procuration à son
frère Pierre, pour retirer les revenus qui lui étaient dus dans
son prieuré, à Notre-Dame de Bonheur, dans le diocèse
d'Alais (4).

II° Jeanne de Martrin-d'Esplas, à qui sa mère, entre autres legs,
donna le fief de la Caunette dans la paroisse de Sérénac (5).

III° Pierre de Martrin-d'Esplas qui suit :

IV° Marie-Jeanne de Martrin d'Esplas, qui épousa, le 4 décembre
1721, François Bermond sieur de Cancerguiousse, fils à feu
Me Pierre de Bermond, conseiller du roi, à Valence (6).

Pour reste de sa constitution dotale, son frère Pierre céda
à François Bermond, son mari, une maison située à Valence,
par acte du 4 octobre 1733. Cette maison est rentrée dans la
famille de Martrin-d'Esplas, de Valence, par une nouvelle
alliance avec la famille de Bermond.

Marie-Jeanne de Martrin-d'Esplas, testa le 2 octobre 1757,
et fit quelques legs à Paul Bermond, son petit-neveu, fils
d'Alexis Bermond, habitant de Valence, et en faveur de Jean-
Pierre-Jacques de Martrin-d'Esplas son neveu, et institua son

---

(1,2) Arch. de Martrin d'Albigeois.
(3,4,5,6) Arch. de Martrin d'Albigeois.

héritier un'versel et général , son neveu Joseph - Bernard - Charles de Martrin-d'Esplas (1).

V° Françoise de Martrin d'Esplas , qui testa le 25 janvier 1714 , par-devant Assier, notaire , en faveur de ses sœurs , Marie et Jeanne de Martrin-d'Esplas (2).

## X.

Pierre de Martrin-d'Esplas , écuyer, sieur de Puech-Blanc et de Puech-Bésiat , de Montredon , de la Ginie, fut baptisé le 10 août 1692, dans l'église Saint-Michel de Labadié , par Lavalette, vicaire de Saint-Michel (3). Ayant, comme le chef de la famille , rassemblé les documents nécessaires pour établir les droits et l'ancienneté de la famille de Martrin , il reçut à titre de communication de Jeanne de Martrin-d'Esplas , épouse de M. de Boziat, plusieurs actes et contrats , concernant ses ancêtres, et lui en donna un reçu, daté du 8 septembre 1715, promettant de les lui rendre dans un mois (4).

Pierre de Martrin-d'Esplas fit recevoir ses preuves de noblesse à Montpellier, par-devant M. Louis de Bernage, chevalier, seigneur de Saint-Maurice , etc. , intendant du Languedoc, en date du 18 juin 1718 (5) ; il mourut âgé d'environ 65 ans, dans la ville de Valence ; son corps fut inhumé dans l'église de ladite ville et dans la chapelle de Notre-Dame du Rosaire, par Doat, curé, le 17 décembre 1757 (6).

FEMME : Cécile de Gisclard de Combeplane ; elle testa le 21 novembre 1736 , par-devant Bosc, notaire, et institua Pierre de Martrin-d'Esplas son mari, son héritier universel, à la charge de rendre son hérédité à ses enfants (7).

### ENFANTS :

I° Joseph-Bernard-Charles de Martrin-d'Esplas qui suit :

II° Jean-Pierre-Jacques, dit le chevalier de Martrin-d'Esplas, cheva-

(1, 2) Arch. de Martrin d'Albigeois.
(3, 4) Arch. de Martrin d'Albigeois. — Arch. du Ch. d'Esplas.
(5, 6, 7) Arch. de Martrin d'Albigeois.

lier de l'ordre royal et militaire de Saint-Louis, né le 24 juin
1735, baptisé le 25 dudit mois, entra de bonne heure au service
de Sa Majesté le roi de France ; il fut promu, le 24 juin 1757,
à la charge de lieutenant dans la compagnie de Journiac, au
régiment royal Comtois, commandé par le comte de Puisségur ;
et à la charge de lieutenant dans le même régiment, compagnie
de Nizaut, par ordonnance du roi du 2 juillet 1758 (1).

Le 12 juillet 1764, étant en garnison à la Rochelle, le chevalier de Martrin-d'Esplas, donna procuration à son frère Joseph-
Bernard-Charles de Martrin-d'Esplas, pour soutenir ses intérêts
dans le procès qu'il avait avec Jacques Gisclard de Combeplane.
Il fut promu à la charge de capitaine dans la compagnie de
grenadiers du régiment Royal-Comtois, le 21 juillet 1775, et
nommé major commandant le château de Villefranche en Roussillon, par brevet du 29 décembre 1777 (2).

Outre les titres et brevets à l'appui des divers emplois rem-
plis par Jean-Pierre-Jacques de Martrin-d'Esplas, dit le chevalier d'Esplas, il existe un certificat du conseil d'administration
du régiment Royal-Comtois, daté de Chatellerault, et du
27 octobre 1781, par lequel il atteste que « le chevalier Jean-
» Pierre de Martrin a commencé à servir en qualité de lieute-
» nant dans ce régiment, le 24 juin 1757, et qu'il a continué
» successivement de grade en grade, jusqu'à celui de capitaine
» commandant la compagnie de grenadiers, jusqu'au 29 dé-
» cembre 1777, époque à laquelle il a été nommé major
» commandant du château de Villefranche en Roussillon » (3).

A la demande du comte de Mailly, le chevalier de Martrin
fut nommé par le Roi, dans l'ordre militaire de Saint-Louis,
comme il est certifié par une lettre de M. de Ségur, datée de
Versailles du 27 septembre 1781, et il fut reçu chevalier de
cet ordre le 22 novembre de la même année, d'après un certi-

---

(1) Arch. de Martrin d'Albigeois.
(2, 3) Arch. de Martrin d'Albigeois.

ficat du maréchal des camps Chollet, commandant en second la province de Roussillon (1).

Le chevalier de Martrin-d'Esplas donna son adhésion et signa avec les principaux gentilshommes du Languedoc, le mémoire présenté au Roi en 1788, sur le droit qu'avait la noblesse du Languedoc de nommer ses députés aux Etats généraux du royaume, dans les assemblées convoquées par bailliages et sénéchaussées (2).

Il assista à l'assemblée générale de la noblesse de l'Albigeois en 1788, et représenta la noblesse pour la baronie de la Guépie, comme envoyé du vicomte d'Ambialet (3). Pendant notre trop célèbre révolution, le chevalier de Martrin-d'Esplas fut mis au nombre des suspects; il est mort à Valence sans avoir été marié.

III° Elisabeth-Cécile de Martrin-d'Esplas, morte non mariée.

## XI.

JOSEPH–BERNARD–CHARLES DE MARTRIN-D'ESPLAS, écuyer, sieur de Puech-Bésiat, de Puech-Blanc, de Saint-Julien, de Paradoux, des Périé, etc..., né le 13 et baptisé le 14 mars 1733, obtint un certificat des juges et consuls de Valence, constatant la jouissance et possession d'un grand nombre de fiefs dans ladite juridiction, en date du 9 mai 1768 (4). N'ayant pas eu d'enfants du mariage qu'il avait contracté avec Marie-Pierre de Malard, et n'ayant dans le Rouergue ni dans l'Albigeois aucun héritier de son nom, il appela à lui succéder Auguste de Martrin, fils de Guillaume de Martrin-Donos, seigneur de Donos, son parent de la branche établie en Languedoc, qui en effet se rendit auprès de lui en 1805, épousa la nièce de Joseph-Bernard-Charles de Martrin-d'Esplas qu'il avait fait son héritière universelle, et a continué la branche de l'Albigeois.

---

(1) Arch. de Martrin d'Albigeois.
(2, 3) Arch. de Martrin d'Albigeois. — Arch. de Martrin-Donos.
(4) Arch. de Martrin d'Albigeois.

FEMME : Marie-Pierre de Malard, fille de messire Pierre-François de Malard sieur de la Bastide, habitant de Toulouse, et de feue Marie-Magdeleine de Roquelaure ; elle fut assistée de son oncle Joseph de Malard, donataire par contrat du 8 mai 1775, passé dans l'habitation du sieur de Malard, rue des Balances, paroisse de la Daurade; en présence de Charles-Joseph-Bertrand de Malard, frère aîné de ladite future épouse; de Anne-Isidore de Malard, chevalier de Malte, aussi son frère, habitant de Toulouse ; Jean-Jacques Guiraud, seigneur de Gignac, habitant le château de Gignac ; Augustin-Joseph-Abraham Denis, chevalier de Roques, capitaine d'infanterie au régiment de Vermandois; Jean-Pierre-Auguste de Barbot et Jean-Bertrand-Joseph de Barbot, habitants de Toulouse (1).

DE MALARD.
—
Ecartelée au 1 et 4 d'azur, à la tour crénelée et maçonnée de sable ; au 2 et 3 d'azur au lion rampant d'argent.

Marie-Pierre de Malard mourut à Valence, avant son mari, sans laisser d'enfants.

## XII.

AUGUSTE DE MARTRIN-D'ESPLAS, sieur de Puech Besiat et de Puech Blanc, fils légitime et naturel de noble Guillaume de Martrin-Donos, seigneur de Donos, et de Rose de Bosc de Dernacuillette, appelé par Joseph-Bernard-Charles de Martrin-d'Esplas à lui succéder, est aujourd'hui le chef de la branche établie en Albigeois : né le 14 juillet 1780 et baptisé le 18 juillet de la même année, dans la paroisse de Saint-Jacques de Dernacuillette au diocèse de Narbonne (2).

Trop jeune pour suivre ses frères en émigration, il passa ses premières années au château de Dernacuillette, dans les hautes Corbières, et se rendit plus tard auprès de son parent de Valence dont il épousa la nièce.

Ce fut par les soins empressés qu'il se donna, que la famille put rentrer en possession d'un canon précieux que la révolution avait confisqué ; ce canon était la propriété et une des gloires de la famille de Martrin depuis longues années, et ainsi que nous l'avons dit déjà, il aurait été, d'après des traditions de famille, la récompense militaire

(1) Arch. de Martrin d'Albigeois.
(2) Arch. de Martrin-Donos. — Registre de la paroisse de Darnacuillette.

accordée par Charles VIII à Jean de Martrin-d'Esplas, pour les services qu'il avait rendus et la valeur qu'il avait déployée à la bataille de Fornoüe. Auguste de Martrin-d'Esplas conserve précieusement, à Valence, ce témoignage de la valeur d'un de ses ancêtres et de la reconnaissance de son souverain (1).

FEMME : Marie-Thérèse-Victoire de Bermond, fille de Jean-Pierre-Bermond et de Marie Campmas ; leur mariage eut lieu à Valence, le 18 thermidor an XIII (1805) (2).

### ENFANTS :

1º Zoé de Martrin-d'Esplas, ayant épousé Victor Roques, de Valence, frère de l'élégant auteur de la phytographie médicale et de l'histoire des champignons, duquel mariage sont issus plusieurs enfants.

IIº Léon de Martrin-d'Esplas, en religion, Jean-François-Régis, premier abbé de Staouëli en Afrique, procureur général des trappistes à Rome, auprès de notre Saint Père le Pape.

Après avoir été ordonné prêtre et en avoir rempli les fonctions dans diverses cures, Léon de Martrin-d'Esplas se retira dans le monastère d'Aiguebelle; les règles austères de l'ordre de Saint-Benoît, furent pourtant douces pour lui, car il fit ses vœux et prit le nom de frère Jean-François-Régis, à cause de saint Régis, très-vénéré dans la famille de Martrin, non-seulement par sa sainteté et ses vertus, mais encore à cause des liens de parenté qui existaient entre les familles de Régis et de Martrin (3).

Cependant le Père Régis avait atteint l'humble position qu'il ambitionnait, mais il ne put la conserver longtemps ; car ses supérieurs ayant démêlé ses qualités et les services qu'il pouvait rendre à leur ordre, lui donnèrent la difficile mission d'aller fonder un monastère de trappistes en Algérie.

François-Régis obéit, et suivi d'un petit nombre de religieux

(1,2) Arch. de Martrin-Donos. — Registre de la paroisse de Dernacuillette.
(3) Voir aux notes B.

du monastère d'Aiguebelle, il s'embarqua et toucha bientôt à la terre d'Afrique.

Là, sa confiance en Dieu et son activité extrême lui firent surmonter des obstacles sérieux, au nombre desquels était l'air insalubre qu'il respirait et qui coûta la vie à plusieurs de ses compagnons.

·« Les premières années furent si rudes, que malgré les » sacrifices faits en leur faveur, et leur dévouement, les trap- » pistes de Staouëli n'auraient peut-être pas su triompher des » obstacles qu'ils eurent à surmonter, et auraient renoncé » volontairement à leur tâche, sans le zèle, l'activité, la fermeté, » l'intelligence, l'énergie, la persévérance, l'instruction de » l'homme éminent que le supérieur des trappistes de France » leur avait donné pour chef; mais le R. P. Dom François- » Régis réunissait heureusement toutes les qualités nécessaires » à l'accomplissement de la mission dont il avait été chargé. » (Journal l'Illustration, 8 décembre 1849, article Staouëli.)

Par les soins assidus et les peines qu'il se donna, par sa douceur, sa franchise et sa loyauté, que chacun pouvait mettre à tout instant à l'épreuve, Léon de Martrin, le Père Régis, se fit des amis dans tous les rangs et dans toutes les conditions; il en comptait plusieurs parmi les plus hauts placés dans le gouvernement de l'Algérie, et employa si bien les faveurs qu'il put obtenir, qu'il parvint à ériger un couvent de trappistes de l'ordre de Saint-Benoit, sous le nom de Notre – Dame de Staouëli. Ses supérieurs appréciant tout ce dont il était capable de même que son zèle, sa piété et ses vertus, l'en nommèrent prieur; charge qui lui mérita pendant tout le temps qu'il la remplit, les éloges de tous.

Cependant le Père Régis avait donné au monastère de Staouëli une si hante impulsion que la renommée du bien qu'il faisait se répandit fort au loin, et le Pape Grégoire XVI crut devoir, peu de temps avant sa mort, ériger ce couvent en abbaye.

L'ordre des trappistes de France ayant dû procéder à l'élection d'un abbé, le Père Régis réunit tous les suffrages et fut nommé *premier abbé de Notre-Dame de Staouëli*.

En 1846, le Pape Grégoire XVI ayant confirmé son élection, l'abbé de Martrin se consacra entièrement aux soins de son abbaye qui devint d'année en année de plus en plus florissante, et dont les bienfaits relevaient le moral des pauvres colons, abattus par les maladies ou par les besoins et la misère.

Tout occupé des soins de ses religieux et de son monastère, l'abbé de Martrin (François-Régis), était loin de songer qu'il faudrait sous peu l'abandonner; en effet, une charge délicate était à remplir auprès du saint Siége; l'ordre des trappistes n'avait point de représentant à Rome; nul ne pouvait occuper plus dignement ce poste que le révérend Abbé de Staouëli, tous les vœux se portèrent sur lui, et il reçut la mission de se rendre à Rome, avec le titre de procureur des trapistes de France auprès du saint Père.

Là, comme à Staouëli, sa piété, ses vertus, sa capacité et ses talents furent appréciés à leur vraie valeur; il reçut du Pape des missions dont nous n'avons pu sonder l'extrême délicatesse, soit en Écosse, soit en Angleterre; toutefois il est venu à notre connaissance que l'abbé de Martrin avait rempli les missions qu'on lui avait confiées de la manière la plus satisfaisante.

L'abbé de Martrin (François-Régis), après avoir eu occasion de visiter la Terre-Sainte, a repris son poste à Rome, auprès de notre saint Père le Pape, où il attend pieusement le résultat des épreuves que Dieu a envoyées à ses plus dignes ministres; il a les titres de premier abbé de Staouëli, crossé et mitré, procureur général de l'ordre des trappistes.

Bon parent, bon ami, modeste par dessus tout, nous avons été obligé de rédiger cet article à son insu, persuadés que sa modestie s'y serait opposée, mais la justice nous a fait un devoir de mettre au jour ce que nous savions. Nous ajouterons que l'abbé de Martrin ayant été appelé à suivre les armées françaises dans quelques guerres d'Algérie, le célèbre peintre Horace

Vernet nous a transmis, sur une superbe toile, la célébration de la sainte Messe, par l'abbé Régis, sur les champs de bataille de la Kabylie (1).

III° Justin de Martrin-d'Esplas, en religion frère Thomas-d'Aquin, avait embrassé de bonne heure la carrière militaire; son caractère vif et impétueux fit craindre un instant de le voir entraîné par la fougue de ses passions; mais les sentiments religieux dont il portait le germe, devaient le garantir de cet écueil; bientôt après, en effet, la grâce le toucha, et suivant avec ferveur l'exemple de son frère Léon de Martrin, il fit ses vœux et revêtit l'habit de trappiste de Staouëli, sous le nom de frère Thomas d'Aquin, depuis la nouvelle charge de l'abbé de Staouëli à Rome, Justin de Martrin-d'Esplas est retiré dans le monastère d'Aiguebelle où il est l'exemple de toute la communauté.

IV° Achille de Martrin-d'Esplas, directeur de l'enregistrement et des domaines, a réuni sur sa tête une bonne portion des biens de la famille, situés aux environs de Valence d'Albigeois.

FEMME : Ermence-Célestine-Eugénie Champigny, fille de Louis-Wolcy Champigny de l'île d'Oleron, et de Marie-Françoise Raflégeau; par contrat passé par-devant Me Salis, notaire de Marennes (Charente-Inférieure), en date du 23 mai 1848.

ENFANTS :

A. Marie de Martrin-d'Esplas, née à Saint-Pierre (île d'Oleron), le 19 mai 1850.

B. Marguerite-Hélène de Martrin-d'Esplas, née à Aurillac (Cantal), le 13 août 1855.

C. Jean de Martrin-d'Esplas, né à Painbœuf en 1862.

V°, VI°, VII° et VIII° Quatre filles dont une seule n'est pas mariée et toutes vivantes.

---

(1) Voir aux notes C.

BRANCHE

DE FERRAYROLLES OU DE DONOS,

COMPRENANT LES BRANCHES D'ESPERGET ET D'AUVERGNE.

Seigneurs : de Ferrayrolles, de Serregrand, de Pènedès, de Donos,
de Dernacuillette, de La Garde, etc.

Sieurs : de Marsac, de Saint-Estève, de Poursa, d'Esperget (ou du
Perget), des Combes, de la Valade, de la Bouygue, etc., etc.

En Rouergue, en Languedoc et en Auvergne.

III.

DE MARTRIN
FERRAYROLLES.

—

D'or, à l'aigle
couronné de gueu-
les.

ARNAUD DE MARTRIN, écuyer, seigneur de Ferrayrolles, de
Serregrand, etc., fils de Brenguier de Martrin, seigneur et baron d'Esplas et de Jeanne de Lévis, habitait le Pont-de-Camarès en Rouergue,
l'an 1480, époque à laquelle il testa ; il eut deux enfants de la femme
dont le nom est demeuré inconnu (1).

FEMME :

ENFANTS :

I° Pierre de Martrin, seigneur de Ferrayrolles qui suit :

II° Jean de Martrin-d'Esplas, co-seigneur de Ferrayrolles, écuyer de
noble Guidon d'Arpajon (Guy selon le père Anselme), lequel
seigneur, conjointement avec sa femme Marie d'Aubusson,
firent épouser à Jean de Martrin-d'Esplas, Catherine Jothon
de La Fosse, fille de noble Pierre de Jothon (ou Juston),
seigneur de La Fosse, dans l'archevêché de Tours, et cons-
tituèrent auxdits mariés une dot considérable, tant du chef de
noble Guidon d'Arpajon que de celui de Marie d'Aubusson sa

(1) Arch. de Martrin-Donos. — De Barrau.

femme, pour en jouir et transmettre à leurs héritiers selon
leur volonté (1). Cette donation ainsi que le mariage de Jean
de Martrin-d'Esplas avec Catherine de Jothon de La Fosse,
est en date du 25 janvier 1473, et retenu par de Auris, notaire
de Calmont de Plancatge, et expédié par Me Roques, notaire
de Curvale (2).

## IV.

PIERRE DE MARTRIN, écuyer, seigneur de Ferrayrolles, de Serregrand, de Castelfranc, etc..... Écuyer de noble Guidon d'Arpajon (Guy
selon le Père Anselme), lequel, conjointement avec sa femme Marie
d'Aubusson, lui donnèrent, à l'occasion de son mariage avec Isabel de
Castanet, le château de Castelfranc, situé dans la baronie de Montredon
(*sive* de Berlan), dans le diocèse de Castres, sénéchaussée de Carcassonne, ainsi que la tour de Rutaria avec ses étages, maisons, casals, etc.,
la métairie appartenant audit château, une autre métairie appelée du
Pesoulhés (*sive* la Sevayssié) et autres droits, censives, etc., par acte du
25 janvier 1473, reçu par de Auris, notaire, enregistré dans les archives du Marquis de Cadrieu, au registre folio no 17 (3).

Pierre de Martrin habitait le Pont-de-Camarès en 1480, époque à
laquelle il succéda à son père Arnaud de Martrin, pour la seigneurie de
Ferrayrolles et pour laquelle il rendit hommage en 1490, entre les mains
de Guy de Levis de Caylus, seigneur de Bournac et Montlaur (4).

FEMME : Isabel de Castanet, fille de Jean de Castanet, écuyer,
seigneur de Castanet, et de Jeanne de Balaguier. Son père, à l'occasion
de son mariage, par acte du 25 janvier 1473, lui constitua en dot, entre
autres choses, la somme de onze cents moutons d'or, etc. (5).

### ENFANTS :

Io François de Martrin qui suit :

DE CASTANET.

—

Écartelé au 1 et 4
de gueules, au le-
vrier d'argent accolé
de gueules, chargé
de deux merlettes de
sable, bordé de 8
billettes d'or; au 2
et 3 d'azur, à la co-
tice d'or accompa-
gnée de 6 billettes
d'argent en orle à la
bordure d'or.

---

(1, 2) Arch. de Martrin-Donos. — L'original dans un registre coté no 7. (Curvale.)

(3, 4) Arch. de Martrin-Donos.

(5) Arch. de Martrin-Donos. — Arch. du Ch. de Saint-Urcisse (Tarn), appartenant aux
descendants des Castanet. — Arch. du Ch. d'Esplas. — De Barrau.

II° Antoine de Martrin, mentionné dans un acte de 1510, et vivant
à cette époque (1).

## V.

FRANÇOIS DE MARTRIN, écuyer, seigneur de Ferrayrolles, de
Serregrand, etc....., habitait le Pont-de-Camarès où il passa, en 1510,
une transaction avec son frère Antoine de Martrin.

FEMME : Jeanne de Capluc, fille de noble Pons, seigneur de
Capluc, habitant le Pont-de-Camarès ; l'acte de mariage est du 10 juin
1510, reçu par Crotulhon, notaire du Pont-de-Camarès ; Jeanne de
Capluc eut un augment de dot en date du 14 novembre 1512 (2).

ENFANTS :

I° Jean de Martrin, seigneur de Ferrayrolles qui suit :

**DE MARTRIN
DE LA GARDE.
(Auvergne.)**

D'azur, à l'aigle
couronné d'or.

II° Charles de Martrin, écuyer, seigneur de La Garde, co-seigneur
de Ferrayrolles et de Serregrand, etc., s'établit en Auvergne,
dans le canton de Maurs; dans un accord fait avec son frère
Jean de Martrin, seigneur de Ferrayrolles, il obtint la cession et rémission de la place de Serregrand, avec toute juridiction haute, moyenne et basse, mère et mixte, impère, etc....
Acte passé au château d'Esplas, en Rouergue, le 20 novembre 1546, en présence d'Alexis de Martrin, seigneur d'Esplas,
et de Guillaume de Martrin-d'Esplas son frère (3).

Jean de Martrin, seigneur de Ferrayrolles, s'étant établi en
Languedoc, fit un arrentement de la seigneurie de Ferrayrolles, à son frère Charles de Martrin, par actes de 1547 et
1548 (4).

**DE SOUVEYRAN
OU SOUBIRAN.**

D'argent, à la ban-
de de gueules, char-
gée de trois crois-
sants du champ.

FEMME : Anne de Soubiran, fille de Jacques de Soubiran (ou Souveyran), seigneur de La Garde, lequel avait été témoin au mariage de
Marquès de Martrin-d'Esplas, avec Christine-Diane de l'Estang. Anne
de Soubiran fit une donation à son fils Pierre de Martrin, le 10 août
1603 (5).

---

(1, 2) Arch. du Ch. d'Esplas. — Arch. de Martrin-Donos.
(3, 4, 5) Arch. de Martrin-Donos.

1° Pierre de Martrin, écuyer, seigneur de La Garde, de Serregrand, etc., obtint deux certificats constatant et reconnaissant sa noblesse et les services rendus à Leurs Majestés; l'un de la reine Marguerite et l'autre d'Henri IV, roi de France, en date du 30 janvier et 3 juillet 1609 (1). A cette dernière époque, Pierre de Martrin avait la charge de gentilhomme servant de la reine Marguerite de Valois (2).

FEMME : Anne de Gouzon (ou Gozon), ainsi qu'il résulte du contrat de mariage de son fils; le mariage de Pierre de Martrin et Anne de Gozon, dut avoir lieu le 10 août 1603, époque de la donation de Anne de Soubiran à son fils, mentionnée ci-dessus.

DE GOZON
OU GOUZON.

De gueules, à la bande d'azur bordée d'argent; le bord de l'écu denticulé de même.

### ENFANTS :

Jean-Antoine de Martrïn, écuyer, seigneur de La Garde, de Lavalade, etc., fit rendre, en sa faveur, par MM. les députés de Sa Majesté, une sentence et ordonnance sur la vue des lettres de noblesse, contre les consuls de Leynhac du 9 décembre 1634 (3).

Il eut un certificat du sieur de Polignac, conduisant la noblesse d'Auvergne, du 15 octobre 1635 (4), et d'après un extrait des registres de Riom, on voit que Jean-Antoine de Martrin eut un certificat de service à Sa Majesté avec équipage de deux chevaux, sous la conduite du vicomte do Polignac, en date du 10 août 1636 (5).

FEMME : Gabrielle d'Estaing, fille de noble Nicolas d'Estaing, seigneur de Saint-Saury, et de feue Louise de Constans, par contrat du 2 juin 1626, par-devant Cavanhac, notaire de Leynhac, en haute Auvergne, dans le canton de Maurs (6).

D'ESTAING.

De France, au chef d'or, ou d'azur à 3 fleurs de lys d'or, au chef de même.

Dans ce contrat, Gabrielle de La Roque, aïeule maternelle de Gabrielle d'Estaing, lui fait une donation ainsi que Jehan de Constans, prêtre, son oncle maternel. Aussi, Jean de Constans, seigneur Delquier,

---

(1, 2) Arch. de Martrin-Donos. — D'Aubais. — De Barrau. — Bouillet, Nobiliaire d'Auvergne.

(5, 4, 5, 6) Arch. de Martrin-Donos. — Bouillet, Nobiliaire d'Auvergne.

son grand-oncle, lui donne tous les droits qu'il pourrait prétendre sur l'hérédité de feue Isabelle de Canfort sa mère, et sur les biens de Louise de Constans sa nièce, etc.

Jean de Constans la nomme son héritière universelle dans son testament, daté du 13 avril 1633. Gabrielle d'Estaing et Jean-Antoine de Martrin habitaient le château de la Boygue.

ENFANTS :

Iº Jean de Martrin qui suit :

IIº Louis-Gabriel de Martrin, écuyer, sieur de La Boygue, habitait au lieu de Leynhac, en 1676 (1).

    Jean de Martrin, écuyer, seigneur de La Garde, de La Valade, sieur de la Boygue (ou la Bouygue) et autres lieux, fut employé dans le catalogue des gentilshommes d'Auvergne, selon l'ordonnance rendue par M. de Fortia, le 6 mai 1667 (2). En 1671 et le 13 novembre, il passa une transaction avec Jean-Antoine de Martrin, seigneur de La Valade, et Gabrielle d'Estaing, ses père et mère, au Bouyssou, paroisse de Maurs, où ledit Jean de Martrin habitait, acte reçu par Rouquier, notaire de Leynhac (3).

FEMME : Marie de Conquans, dame de la Camp, fille de Berenguier de Conquans, écuyer, sieur de La Capelle et de Anne de Gausserand. Leur contrat fut passé au château de la Mothe, paroisse de Mourioun, en Auvergne, le 10 août 1676, par-devant Gleyal, notaire royal de Calvinet (4).

Etaient présents à ce mariage :

Antoine de Pellamorgue, écuyer, sieur de Cassaignouze, habitant son château de la Guillaumenque ; Pierre de Pellamorgue, écuyer, sieur de Montflour ; François de Gausserand, écuyer, sieur de La Mothe ; Louis-Gabriel de Martrin, écuyer, sieur de la Bouygue, habi-

---

(1) Arch. de Martrin-Donos.
(2) Arch. de Martrin-Donos. — De Barrau. — Bouillet, Nob. d'Auvergne.
(3) Arch. de Martrin-Donos. — De Barrau, Fam. du Rouergue.
(4) Arch. de Martrin-Donos.

tant au lieu de Leynhac, frère dudit futur époux; Hector de Gausserand, écuyer, sieur de La Capelle, François de Conquans, écuyer, sieur de Gailhard, habitant audit La Mothe ; Jean de Pellamorgue, écuyer, sieur de Cazelles, etc. (1).

ENFANTS : Joseph de Martrin, écuyer, dont l'existence ne nous est connue que par les pièces rassemblées en son nom, au sujet d'un procès qu'il avait avec demoiselle Julienne Prax, veuve du Solier (2).

Nous ignorons sa descendance, et nous pensons être fondés à croire qa'il n'a pas laissé de postérité.

## VI.

JEAN DE MARTRIN, écuyer, seigneur de Ferrayrolles, de Serregrand, de Bédos, de Pénedès, etc., fit l'acquisition de quelques terres d'Arnaud Castelboc, prêtre, en l'année 1537. Il existe une reconnaissance des terres et droits seigneuriaux, en faveur de Jean de Martrin, pour la juridiction de Ferrayrolles et Serregrand, dans la sénéchaussée de Vabres, du 22 mai 1540, dont une copie du 15 janvier 1669, par Soulier, notaire (3).

Jean de Martrin et son frère Charles, passèrent une transaction à raison d'un supplément de légitime, en date du 10 novembre 1546, reçu par Carrière, notaire de Rebourguil ; il fit, cette même année, cession et rémission à son frère de la place de Serregrand, avec toute juridiction haute, moyenne et basse, mère et mixte impère. En 1547 et 1548, il fit un arrentement de la seigneurie de Ferrayrolles, à Charles de Martrin son frère, à cause de son mariage et de son changement de domicile au lieu d'Ouveillan, en Languedoc.

Jean de Martrin mourut sans faire testament, ainsi que nous l'apprend une ordonnance du sénéchal du Rouergue (4).

FEMME : Claire de Bedos, fille de noble Jean de Bedos, seigneur de Bedos et Pénedès, habitant Ouveillan au diocèse de Narbonne, selon

DE BEDOS.

De gueules à trois croissants d'argent, surmontés de trois étoiles du même, à l'orle de 8 coquilles d'argent.

(1, 2, 3, 4) Arch. de Martrin-Donos.

les pactes de mariage des 17 et 21 avril 1534, reçus par Barbutz, notaire du Pont-de-Camarès (1). Ce mariage fut confirmé par une lettre du sénéchal du Rouergue, du 28 juillet 1550 (2) Les pactes sus-mentionnés renferment la clause exigée par Jean de Bedos, que les futurs s'engageront chacun à donner le tiers de leur fortune au premier enfant mâle qui naîtra de leur mariage.

Un arbitrage fut passé entre Jean de Bedos, tuteur des enfants de Jean de Martrin, seigneur de Ferrayrolles, et demoiselle Jeanne de Capluc, veuve de François de Martrin, seigneur de Ferrayrolles, en date du 7 août 1550 (3).

### ENFANTS :

Iº Gabriel de Martrin qui suit :

IIº Julien de Martrin, sieur des Combes, qui fit deux quittances à son frère Gabriel, en 1578 et en 1590 (4).

IIIº Louise de Martrin, qui en 1576, époque de son mariage avec Giles de Godailz, seigneur de Graniers, fit une quittance de sa dot à son frère Gabriel de Martrin (5).

IVº Jeanne de Martrin, qui ayant épousé le seigneur de Paulhan, fit aussi une quittance de sa dot à son frère Gabriel, en 1581 (6).

Vº Claire de Martrin, qui épousa,

1º Antoine d'Aude, seigneur de Serregrand ;

2º Bernard de La Garde, seigneur des Isles, comme il se voit par une donation qu'elle fit à Gabriel de Martrin, seigneur de Ferrayrolles son frère, en date de l'an 1594 (7).

Elle avait fait, le 24 novembre, une quittance générale et relaxation du fief noble de Serregrand, en faveur de Gabriel de Martrin son frère, et elle testa en 1603, faisant héritier Bernard de La Garde, seigneur des Iles, son mari (8).

(1, 2, 3, 4, 5, 6, 7, 8) Arch. de Martrin-Donos.

## VII.

GABRIEL DE MARTRIN, écuyer, seigneur de Ferrayrolles, de Serregrand, de Bedos, de Pénedès, de Donos ; sieur de Poursa et de Saint–Estève, etc., habitait Ouveillan, au diocèse de Narbonne, où il possédait plusieurs fiefs, ainsi que nous le voyons par un acte de vente à lui faite, au lieu d'Ouveillan, en date du 27 mai 1587, et par une ratification faite par Claire de Bedos, d'une donation à son profit, en date du 4 novembre 1575, devant Antoine de Lautrec, notaire d'Ouveillan, insinué au greffe de la Viguerie de Narbonne, le 8 novembre 1575 (1), et enfin par la quittance générale et relaxation de fief noble qu'il obtint l'an 1589 (2).

FEMME : Catherine de Donos, fille de noble Jean de Donos, seigneur dudit Donos et de demoiselle Hélène d'Abban, par contrat du 24 août 1563, passé par-devant Guillaume Polayot, notaire de Beziers, en présence de Charles de Martrin, co-seigneur de Ferrayrolles, Julien de Martrin sieur des Combes, Alexandre de Narbonne, seigneur de Ville-passans, etc.....

DE DONOS.
—
De gueules, à 3 faces d'argent.

Par les donations et substitutions de leurs frères, Catherine de Donos et Marguerite de Donos sa sœur, avaient réuni sur leur tête l'entière seigneurie de Donos, pour être substituée à l'aîné de leurs enfants mâles, ce qui eut lieu en effet pour le fils de Gabriel de Martrin et de Catherine de Donos.

### ENFANTS :

Antoine de Martrin–Donos, écuyer, seigneur de Donos, substitué au dernier mâle de la famille de Donos, et dont la descendance est rapportée à la suite du seigneur de Donos.

---

(1, 2) Arch. de Martrin-Donos.

# NOTICE

## SUR LA

# MAISON DE DONOS.

---

### ORIGINE DE LA FAMILLE DE DONOS.

« Après la conquête de la Péninsule par les Arabes, dit M. le che-
» valier Du Mège, l'avilissement et les vexations que les chrétiens
» eurent à souffrir de la part de leurs vainqueurs, obligèrent *les plus*
» *nobles* d'entre eux à chercher un asile dans les provinces soumises
» aux Carlovingiens; et l'on vit arriver dans la Septimanie, déjà peuplée
» en partie de Wisigoths, plusieurs nobles familles qui appartenaient à
» la même race. » (1).

D'après des documents authentiques que nous ferons connaître dans
cette notice, c'est de l'un de ces nobles étrangers que la famille de Donos,
au diocèse de Narbonne, tire son origine ; son nom était *Gomezinde*,
composé du nom espagnol *Gomez*, et de la terminaison Wisigothe *inde;*
il indique suffisamment une origine *hispano-gothique*.

L'héroïque défense de ces nobles émigrés les fit accueillir avec distinction par le roi Charlemagne, qui donna aux plus considérables d'entre
eux, des terres sur les frontières, avec le privilége de les posséder *héréditairement avec exemption de cens et de rente ;* les héritiers avaient
seulement l'obligation de demander au prince la *confirmation* de leur
possession.

---

(1) Du Mège, Hist. du Languedoc annotée.

**6**

On appelait ces sortes de propriétés, *aprisio*, terme qui signifie une espèce *d'alleu* possédé héréditairement en toute liberté et sur lequel le roi n'avait d'autres droits que celui que lui donnait sa souveraineté et le vassal d'autre servitude que *l'hommage*.

## TITRES DE PROPRIÉTÉ.

A la suite d'une rencontre entre les chrétiens et les sarrazins, où ces derniers furent taillés en pièces, Charlemagne, appréciant les services et la bravoure des plus nobles d'entre les réfugiés espagnols dans cette partie de la Septimanie, leur donna des terres vacantes dans les montagnes des Corbières, afin que ces frontières fussent peuplées de vassaux courageux et fidèles pour en défendre l'entrée aux barbares.

Parmi les plus valeureux figurèrent un nommé *Jean* qui fut mis en possession de la terre de *Fonjoncouse* dans les Corbières, l'an 795 (1), et les deux frères *Gomezinde* et *Adèfonse* qui reçurent en don à cette occasion une terre voisine de Fontjoncouse, désignée depuis sous le nom de *Donas* ou *Donos*.

Le roi Charles le Chauve, également désireux de s'attacher les personnes les plus considérables de son royaume, accorda au fils de Gomezinde et à la prière d'Humfrid, marquis de Gothie, la terre et seigneurie de Donas (Donos) en toute propriété ; défendant à tous comtes ou seigneurs de prendre ni usurper les biens de son fidèle Gomezinde, de ses enfants et de sa postérité, sans le pouvoir faire contraindre que par-devant Sa Majesté, ni exiger de lui aucun service.

Cette Charte précieuse, dont la conservation est parfaite, est au pouvoir du chef de la famille de Martrin-Donos, descendant de Gomezinde ; elle porte la signature (*signum*) du roi Charles le Chauve, et est scellée de son anneau (*sigillum*), datée du palais d'Attigny, du 30 juin de l'an 859 (2). Ce titre, dont nous donnerons la copie, est textuellement rapporté par les savants auteurs de l'histoire du Languedoc, et dans l'édition annotée par M. le chevalier Du Mège.

---

(1) Archives de l'archevêché de Narbonne.
(2) Arch. de Martrin-Donos. — Note D.

L'intérêt particulier du Marquis de Gothie, porté à Gomezinde et à sa famille, dit assez son illustration, mais elle est mise plus en évidence encore par un diplôme dans lequel on voit l'entremise d'Adélaïde, mère du roi Charles le Simple, et celle d'Arnuste, archevêque de Narbonne, pour obtenir du roi, en faveur d'Etienne, fils de Gomezinde, la *confirmation* de la propriété de Donas (Donos) ainsi que c'était l'usage, et une quantité de biens et de droits seigneuriaux, tels que la munificence royale avait bien rarement coutume d'en accorder d'aussi considérables; ce qui rendit Etienne un des vassaux les plus puissants de cette partie de la Septimanie.

Ce diplôme fut accordé à Etienne, par Charles le Simple, daté et signé au palais de Tours (Turnus), aux environs de Rheims, le 14 juin 899 (1).

A ces nombreuses possessions, s'ajoutèrent les châteaux et les terres que les transactions ou les alliances firent entrer dans la famille, et que nous rapporterons à l'article généalogique de chacun des membres de la famille de Donos qui aura donné lieu à quelque changement.

## DONOS. — NOMS PATRONIMIQUES.

Le nom de la terre de Donos a subi, à différentes époques, des altérations et des changements que les titrés de la famille nous font connaître; ainsi, ceux des IXe et Xe siècles la nomment *Donnas*, *Donas*; les actes du XIe au XIVe siècles la désignent sous le nom de *Donis*, *Donas*, *Donos*, et ceux du XVe siècle jusqu'à nos jours, sous ceux de *Donos*, *Donnos*, *Dones*, *Donnes*.

Le nom de *Donos*, reçu dans les différentes preuves fournies pour la recherche des familles nobles, et notamment dans celles de 1668, devant Mr Bazin de Bezons, et employé d'ailleurs dans presque tous les documents officiels, est celui qui a prévalu et qui a été adopté depuis longtemps par les différents membres des familles de Donos et de Martrin-Donos.

---

(1) Arch. de l'église de Narbonne. — Histoire du Languedoc, t. ii, p. 251. — Note E.

Les noms de Donas, Donis, Donos, ne seraient-ils point l'exp˙ession du *don* qui fut fait de cette terre à Gomezinde, par Charlemagne et par Charles le Chauve à son fils? Pour nous, c'est l'étymologie que nous lui donnons.

Jusqu'au commencement du XIe siècle, époque à laquelle Guillaume Hibrin, fils d'Adalazis, était possesseur des châteaux de Donos, de Durban et de Saint-Martin, les noms de famille ne furent pas en usage, et les seigneurs de Donos ne se distinguaient que par des noms propres ou de baptême, dont les plus usités étaient ceux de Guillaume, Gausbert, Bernard, etc. Mais comme ils devinrent possesseurs de plusieurs châteaux ou fiefs dont l'hommage était dû au vicomte de Narbonne, ils furent le plus souvent désignés par les noms des châteaux dont ils devaient rendre hommage.

De là vint que les seigneurs de Donos furent appelés de Durban, à cause du château de Durban, dont ils rendaient hommage au vicomte de Narbonne, et de leurs relations fréquentes avec ces mêmes vicomtes.

Ils ne devaient hommage, pour le château de Donos, qu'au Roi, mais vers 1200, par suite des empiétements des droits par les vicomtes de Narbonne, les seigneurs de Donos leur prêtèrent hommage et serment de fidélité pour le château de Donos, et dès cette époque le fils aîné de cette famille continua de porter le nom de *Donos* qu'il transmit à ses descendants, tandis que les enfants du second fils portèrent celui de *Durban* jusqu'en 1333, époque à laquelle Guillemette, fille de Guillaume de Durban, apporta la terre et le château de Durban à Guillaume de Treilles, seigneur de Gléon son mari, et dont la postérité prit, en 1371, le nom de Gléon–Durban (1).

## ARMOIRIES.

C'est généralement vers la fin du dixième siècle que l'on remonte pour découvrir des traces des armoiries des diverses familles ; celles des Donos ou Durban étaient *trois fasces*, dont les couleurs et les émaux

---

(1) Arch. de Martrin-Donos.— Généalogie de Gléon-Durban par le Père Ange, au pouvoir de M. de Gléon de Narbonne.

variaient suivant le caprice des chevaliers qui en faisaient usage aux combats ou dans les tournois.

A l'époque de la séparation des branches de Donos et de Durban, les seigneurs de Donos portaient pour armes : *de gueules à trois fasces d'argent*, qui sont encore celles de leurs descendants, et les seigneurs de Durban portaient : *d'azur à trois fasces d'or*, armes que la famille de Gléon a écartelé avec les siennes qui sont : *de gueules au chevron d'argent*.

Les armes des Durban et des Gléon, ainsi écartelées, sont devenues les armes du lieu de Durban dans les Corbières, au diocèse de Narbonne, dont les Gléon furent les seigneurs.

## HOMMAGE ET SERMENT DE FIDÉLITÉ. — DROITS SEIGNEURIAUX.

Ainsi que nous avons eu déjà l'occasion de le dire, l'hommage et serment de fidélité pour le château de Donos, n'était dû primitivement qu'au Roi ; cependant lorsque les temps de troubles et de guerres s'étendirent sur la France, soit que la puissance des vicomtes de Narbonne ait augmenté, soit que celle des seigneurs de Donos ait eu besoin d'un plus grand appui ; nous voyons, d'après les archives de la famille de Martrin-Donos, que le serment de fidélité et l'hommage furent prêtés au vicomte de Narbonne, pour le château et la terre de Donos, dès les années 1273 et 1298. Mais avant cette époque, dans les diverses histoires du Languedoc, qui énumèrent cependant fort longuement les droits des vicomtes de Narbonne, nous ne voyons point figurer le château de Donos, tandis que celui de Durban, dont l'hommage était dû aux vicomtes, y figure très-fréquemment.

Les seigneurs de Donos prêtaient encore hommage et serment de fidélité au vicomte de Narbonne, pour le fief de Rupaut (1), situé au terroir de Fonjoncouse et contigu au terroir de Donos ; mais comme le

---

(1) Rupaut, petit fief, faisant encore partie du domaine de Donos ; il a, suivant les titres, porté les noms de *Rupam*, *Rupes*, *Rupes Altœ*, *Rupaut*, *Rieupaut*, *Rupès Haut*, en opposition à un autre terroir du domaine de Donos nommé *Rupès Bas*, *Plà de Roques*, *Roques sur Roques*, ces derniers noms encore en usage.

terroir de Fonjoncouse, membre dépendant de la baronie de Séjan, passa sous la domination de l'Archevêque de Narbonne, qui en devint haut-justicier, les seigneurs de Donos prêtèrent hommage et serment de fidélité à l'Archevêque de Narbonne, pour le fief de Rupaut.

Toutefois les vicomtes de Narbonne ne se contentèrent pas de ces serments et de ces hommages, et comme ils voulurent à plusieurs reprises empiéter sur les droits des seigneurs de Donos, il en résulta une opposition et des discussions si vives, qu'elles se transformèrent en procès énergique, dont l'issue pouvait amener des complications terribles pour les deux parties ; les amis de ces deux seigneurs s'entremirent et la paix fut cimentée par un mariage contracté en 1340, entre Mabilie de Narbonne et Gaubert de Donos.

Les seigneurs de Donos avaient la justice *haute, moyenne et basse, mère et mixte impère* du lieu de Donos ; ils nommaient les juges et les officiers pour la faire rendre dans leurs domaines, et quoique leurs droits fussent bien établis, ils furent néanmoins plusieurs fois méconnus, notamment par les vicomtes de Narbonne ; mais toujours ils les revendiquèrent et les firent même rétablir d'une manière remarquable, ainsi que nous le verrons dans la généalogie qui suivra cette notice.

Parmi les droits des seigneurs de Donos, était celui de nommer, pour commander la place de Donos, un officier qui avait titre de capitaine, et d'autres officiers pour lever les contributions, rentes, censives, usages, tasques, corvées, foriscape et autres droits seigneuriaux, au nombre desquels était le droit de *leude* ou péage sur toutes les marchandises qui passaient sur le terroir de Donos.

Quelque étendue que fût l'autorité des seigneurs de Donos, elle était cependant exercée d'une manière toute paternelle dont nous sommes heureux de pouvoir citer un exemple, et qui prouve qu'ils pouvaient compter en toutes circonstances sur l'amour de leurs vassaux.

En 1321, Gaubert de Donos, seigneur du lieu, par suite de ses libéralités envers le Roi et envers ses vassaux, se trouva dans la gêne et cependant dans la nécessité de payer la dot de Aladaxis sa fille ; sa position critique étant venue à la connaissance de Santol et de plusieurs autres habitants de Donos, ils voulurent que leur seigneur acceptât d'eux la vingtième partie des biens que chacun possédait. Y a-t-il éloge plus touchant et plus remarquable des vassaux et de leur seigneur !

## TERRE DE DONOS. — DÉLIMITATION. — ÉTENDUE.

La terre de Donos changea plusieurs fois d'étendue et de limites, suivant les ventes, achats ou transactions consentis par les seigneurs ; elle consistait, d'après plusieurs titres, en montagnes et vallées, en terres, champs, vignes, olivettes, prés, bois, moulins, etc.

La première délimitation que nous trouvons est de l'an 1259 ; elle fixe les terroirs de Donos et de Monséret ; en 1264 furent établies les limites et confrontations des terroirs de Donos et de Fontfroide ; celles de Thezan et de Donos furent établies en l'année 1497.

En 1538, le terroir de Donos fut encore déterminé par une recherche faite par le diocèse de Narbonne, et en 1633 fut limité à *Plà de Roques* le terroir de Pradines.

Un partage qui eut lieu en 1685, donna encore une délimitation, et enfin un autre partage fait l'an x de la République française, entre les enfants de Guillaume de Martrin-Donos, fut encore le sujet d'une nouvelle délimitation, laquelle fixa la contenance de la terre de Donos, à environ trois mille hectares.

Depuis cette époque, quelques petites parcelles ont été acquises par les habitants de Thezan ; mais la presque totalité de la terre de Donos est encore la propriété des descendants de ses anciens seigneurs, et chose à remarquer et très-rare sans doute, les descendants de Gomezinde, qui ainsi que nous l'avons rapporté, fut investi par le roi Charles le Chauve, de la propriété et de la seigneurie de Donos en 859, ont possédé, sans interruption, et possédent encore aujourd'hui cette même terre de Donos, et prouvent par conséquent une possession de plus de mille ans ! ! !

## VILLAGE DE DONOS.

D'après plusieurs documents extraits des archives de la famille de Martrin-Donos, le village de Donos avait une importance qu'on serait actuellement bien loin de soupçonner.

En effet, une reconnaissance des droits seigneuriaux, faite en 1321 par les habitants de Donos, en faveur du seigneur Gaubert de Donos, nous fait connaître les noms des représentants de plus de vingt-cinq familles, toutes habitant le village de Donos, et qui furent présents à cet acte.

Il parait même que cette importance se soutint pendant le cours de près de quatre siècles, du moins nous ne trouvons, pendant cet espace de temps, aucune trace de décadence ; mais en 1764, d'après le dictionnaire géographique de M. d'Expilly (1), on ne comptait plus à Donos que quatre feux, et de nos jours rien ne rappelle plus l'ancien village de Donos, que des débris nombreux enfouis çà et là, et le lieu dit le cimetière !

Ah ! avec quelle tristesse amère, la pensée qui se reposait sur un lieu jadis animé par le mouvement et la vie, n'a plus aujourd'hui, pour tout souvenir, qu'une muette solitude ! partout les traces du passé s'effacent sous l'action destructive du temps, ou le vandalisme des hommes ! les rues, les maisons, le village de Donos, tout a disparu ! ! !

## CHATEAU DE DONOS.

A la pointe nord d'un chaînon des Corbières, se dirigeant de Thezan vers Portel et Sijean, s'élevait le vieux château seigneurial de Donos, nommé en langue vulgaire, *le Castelas de Donos.*

De ce vieux monument des temps féodaux, il ne reste aujourd'hui que quelques débris des murs d'enceinte ; le marteau dévastateur est passé par là, et est venu hâter la chute des restes imposants de l'antique demeure de ces fidèles vassaux des rois de France.

L'espace circonscrit par les murs d'enceinte, atteste encore quelle était sa force et son importance, tandis que des arceaux à plein-cintre, naguère apparents, aujourd'hui détruits, et quelques autres caractères romans, en révélaient l'antiquité.

La position du château faisait sa principale force, car il était inabor-

---

(1) Donos en Languedoc. — Diocèse et recette de Narbonne ; Parlement de Toulouse, généralité de Montpellier ; intendance du Languedoc ; on y compte quatre feux. Cette Paroisse est à quatre lieues, SO de Narbonne. ( 1764. D'Expilly, *Dict. géographique.* )

dable de tous points, excepté vers le midi ; aussi, de ce côté, l'enceinte était-elle formée de trois épaisses murailles disposées en amphithéâtre, dont la plus haute commandait les deux autres.

Au pied du château et au nord, était le village de Donos ; ses maisons groupées autour de l'église et de la chapellenie, étaient placées ainsi sous la protection divine et sous celle du seigneur du lieu ; mais périssables comme tout ce qui vient de la main des hommes, le château de Donos et le village n'existent plus ! l'église seule a été respectée !

Il y a environ deux siècles, le seigneur de Donos fit construire un autre château dans le bas de la vallée, qui devint la résidence de ses descendants jusqu'au moment où par suite d'un partage en famille, il fut transformé en ménageries et dépendances pour la culture des terres ; un nouveau château fut construit adossé à l'église ; c'est celui qui existe de nos jours ; il a été bâti en partie avec les restes de l'antique *castelas de Donos;* il a sa base sur des ruines, et peut-être à son tour menace-t-il d'une ruine prématurée !

## DOCUMENTS GÉNÉALOGIQUES.

Plus nous avons mis de soins à compulser les documents nombreux que nous avons pu nous procurer, plus nous nous sommes convaincus de la difficulté qu'il y avait à dresser une généalogie de la maison de Donos ; nous l'avons essayé cependant, persuadés que nous pouvions être utiles, et nous la donnons à la suite de cette notice, telle que nous avons pu l'établir avec les titres nombreux composant les *archives de la famille de Martrin-Donos;* avec les documents que nous avons puisés dans l'*Histoire du Languedoc,* par Dom Vaissette et Dom de Vic, et dans l'édition annotée par M. le *Chevalier Du Mège,* avec le secours aussi de l'*Histoire des grands Officiers de la Couronne,* par le Père Anselme ; de l'ouvrage de M. le Marquis d'Aubays, intitulé : *Pièces fugitives pour servir à l'Histoire de France,* et celui des notes et observations tirées de plusieurs recueils dignes de foi.

Cette généalogie laissera, sans aucun doute, bien à désirer sous le rapport de l'élégance du style et sous bien d'autres encore ; mais nous avons la conviction qu'on n'en pourra révoquer en doute l'exactitude, et si avec cette qualité et avec les soins que nous avons mis à tracer et à faire ressortir les services, les belles actions et les vertus qui distinguaient la plupart des seigneurs de Donos, nous pouvons parvenir à fortifier l'émulation des nombreux descendants de Gomezinde, afin que comme leurs aïeux, ils gardent une foi vive, l'amour de la vertu, et une fidélité sans bornes à leur roi et à leur patrie : oh! alors, nous n'aurons qu'à nous féliciter de la tâche que nous avons entreprise, car c'était le but principal de nos travaux et de nos recherches !

# GÉNÉALOGIE

## DE LA

# FAMILLE DE DONOS.

Seigneurs : de Donos, du Catourze, de Durban, de Saint-Martin, de Portel, de Mathes, d'Ornezons, d'Olonzac, de Leucate et autres lieux dans les comtés de Roussillon, d'Empurias, de Minervois et dans la vicomté de Narbonne.

Sieurs : de Rupaut, de Poursan, de Saint-Estève, etc.....

Armes : *de gueules à trois fasces d'argent.*

Les seigneurs de Donos tenaient rang parmi les premières familles de la Septimanie dès le neuvième siècle.

Nous allons les voir, dans le cours de cette généalogie, tantôt recherchés comme témoins, ou acceptés comme garants de la parole des vicomtes de Narbonne, de Carcassonne, de Béziers et de Roussillon ; tantôt choisis comme arbitres par ces mêmes vicomtes, pour terminer, de concert avec eux, les différends qui s'élevaient entre les seigneurs de leurs provinces ; d'autres fois considérés comme les chefs des gentils-hommes de leur contrée, et choisis par eux pour soutenir leurs droits souvent usurpés par des seigneurs plus puissants qu'eux.

Soit qu'ils déploient leurs bannières dans le combat, soit qu'ils figurent dans les divers actes de la vie féodale, nous les verrons toujours qualifiés de nobles, seigneurs, chevaliers, écuyers, etc....., enfin, tous les anciens titres nous révéleront la puissance et le haut rang des seigneurs de Donos, dont nous allons commencer la descendance par Gomezinde ainsi qu'il suit :

## I.

GOMEZINDE, Ier du nom, noble espagnol réfugié dans la Septimanie, obtint, en 795, du roi Charlemagne, des terres à Donos dans les

Corbières, en récompense de ses services et de la valeur qu'il avait montrée en repoussant les Sarrazins (1). Il est mentionné, ainsi que son frère Adéfonse, dans une charte de son fils Gomezinde qui suit :

## II.

GOMEZINDE, II<sup>e</sup> du nom, fils du précédent, dut à sa bravoure et à sa fidélité, l'intercession du marquis de Gothie auprès du roi de France, pour qu'il lui témoignât sa satisfaction au sujet de ses bons et loyaux services.

Le roi Charles le Chauve saisit en effet cette occasion de récompenser la valeur de Gomezinde, et lui donna la propriété et *l'investiture*, pour lui et sa postérité, de la terre et du lieu de Donos, au diocèse de Narbonne, où il possédait déjà des terres que son père avait reçues en don du roi Charlemagne.

La charte qui lui fut octroyée à cette occasion par Charles le Chauve, est signée de ce prince et datée du château d'Attigny, le 30 juin 859 (2).

Ce témoignage précieux de la faveur du Roi, est encore aujourd'hui conservé dans les archives du chef de la famille de Martrin-Donos, descendant de Gomezinde.

## III.

ETIENNE, succéda à son père Gomezinde, dans la possession et les droits de Donos et de ses dépendances; il fut un des seigneurs les plus puissants de cette partie de la Septimanie.

Le titre le plus remarquable qui le concerne et qui met le mieux en relief ses services et la considération qu'il s'était attirée, est une charte tirée de l'église de Narbonne (archives), d'après laquelle, par l'entremise de la reine Adélaïde, mère du roi Charles le Simple, et à la demande d'Arnuste, Archevêque de Narbonne, le Roi le *confirma* dans

---

(1) Archives de l'Archevêché de Narbonne.

(2) Arch. de Martrin-Donos. — Hist. du Lang. par D. Vaissette. — Notes de l'Hist. du Lang. par M. le Ch<sup>er</sup> du Mège. — Notes D.

la possession des droits et domination qu'il avait sur le lieu de Donos et ses dépendances, et lui accorda, à lui et à ses enfants et à sa postérité, la propriété et les droits sur un grand nombre de terres, villages et églises, situés dans les pays et comtés de Narbonne, de Roussillon, d'Empurias et de Minervois, avec le privilége de les posséder en alleu et en toute liberté, soit qu'il les tint de lui ou de ses auteurs, ou de sa femme Anne.

Ce diplôme, rapporté dans les diverses histoires du Languedoc, fut donné par Charles le Simple, au palais de Tours (Turnus), aux environs de Reims, le 14 juin 899 (1).

FEMME : Anne, dont l'acte mentionné ci-dessus, nous a révélé le nom et l'existence.

ENFANTS : Guillaume qui suit :

### IV.

GUILLAUME, Ier du nom, possédait, indépendamment d'un grand nombre de terres, les châteaux de Donos, de Durban et de Saint-Martin, situés dans les basses Corbières, au diocèse de Narbonne ; celui de Donos, commandant la vallée de Rieupaut; celui de Durban, situé sur la droite de la petite rivière de Berre, et celui de Saint-Martin, dominant la plaine de Bizanet. Guillaume avait servi plusieurs fois de témoin entre les vicomtes de Narbonne et ceux de Béziers et de Carcassonne, pour diverses transactions.

FEMME : Adalazis ou Adalaisis ou Adélaïde, qui vivait vers 980 (2).

ENFANTS :

Iº Guillaume Hibrini qui suit :

IIº Gausbert, Ier du nom, qui fut témoin pour le comte de Fenouillet, vers 1025.

### V.

GUILLAUME, IIe du nom, surnommé Hibrini ou Hibrin, ou Ebrin,

---

(1) Arch. de l'Église de Narbonne. — Hist. du Lang., t. 2, p. 251. — Notes E.
(2) Hist. du Languedoc.

préta hommage et serment de fidélité à Bérenger, vicomte de Narbonne, et à sa femme Garsinde, pour les châteaux de Durban et de Saint-Martin, l'an 1020 (1).

Par suite de cet hommage, il fut désigné sous le nom de Durban, et nous le voyons qualifié en effet de Ebrin (Ebrinus), de Durban, dans un plaid tenu à Narbonne, sous le règne du roi Robert, le 11 avril 1023, auquel il assista, disent les archives (*cum cæteris nobilibus*) (2).

FEMME :

ENFANTS :

Iᵒ  Guillaume qui suit :

IIᵒ Gausbert, IIᵉ du nom.

IIIᵒ Adhémard, lequel assista à une assemblée tenue à Narbonne, et présidée par Pierre, Archevêque, le 7 mai 1080 ; il signa une donation, faite par le même Archevêque, à la cathédrale de cette ville, l'an 1089 (3). Ce même Adhémard figure comme témoin à un jugement rendu par Aymeric, vicomte de Narbonne, dans un plaid tenu dans cette ville, l'an 1097 (4).

## VI.

GUILLAUME DE DONOS, *alias* de Durban, IIIᵉ du nom, fils d'Ebrin, vivait en 1080 et 1087. A cette dernière époque, Aymeric, vicomte de Narbonne, assigna à sa femme Mathilde ou Mahaut, pour son douaire, entre autres châteaux, ceux de Saint-Martin, et de Durban (5).

FEMME :

ENFANTS :

Iᵒ  Guillaume qui suit :

IIᵒ Laurette, qui épousa Guillaume de Pignan, lequel vivait en 1123.

---

(1) Hist. du Lang., t. ii, p. 151. — Du Mège ; notes, xiiᵉ livraison, p. 484.

(2) Arch. de l'Abbaye de Sᵗ Paul de Narbonne. — Hist. du Lang. — Du Mège.

(3) Arch. de la Cathédrale de Narbonne. — Hist. du Lang. — Du Mège.

(4) Arch. de l'Église de Sᵗ Paul de Narbonne. - Hist. du Lang. - Du Mège, xiiᵉ liv., p. 608.

(5) Hist. du Lang. — Du Mège, notes, iiᵉ livr., p. 248.

IIIᵒ Bernard, qui fut témoin à l'offrande que Bernard, vicomte de Minerve, fit de son second fils, nommé Raymond, à l'Abbaye de Saint-Pons, l'an 1105 (1).

## VII.

GUILLAUME DE DONOS, *alias* de Durban, IVᵉ du nom, chevalier, seigneur de Donos, de Durban, de Saint-Martin, d'Ornezons et autres lieux, sieur de Rieupaut et de Porcian, vivait en 1123, époque à laquelle Bernard-Aton lui donna le château d'Ornezons, pour le tenir de lui en fief, après la mort de Guillaume de Pignan (2).

Il fut présent à un accord entre Trencavel et Bernard-Aton, sur la succession du vicomte Roger leur frère, en 1150 (3). Il assista, comme témoin, à la vente du château de Mèse, faite en 1152, par Géraud de Roussillon, à Trencavel son oncle (4).

Enfin, Guillaume et ses deux petits-fils, Raymond et Bernard, promirent, en 1153, à Ermengarde, vicomtesse de Narbonne, de tenir en fief le château de Monséret, près de Donos, d'elle et de ses enfants, si elle en avait (5).

FEMME :

ENFANTS :

Iᵒ Guillaume qui suit :

IIᵒ Gausbert, IIIᵉ du nom, qui vivait en 1156, époque à laquelle il fut témoin à un accord fait entre Raymond, comte de Toulouse, et Raymond Trencavel, comte de Béziers.

## VIII.

GUILLAUME DE DONOS, *alias* de Durban, Vᵉ du nom, chevalier, seigneur de Donos, de Durban, de Saint-Martin, d'Ornezons et autres lieux ; sieur de Rieupaut et de Porcian, fut témoin, le 4 octo-

DE DONOS,
seigneur DE DONOS.

—

De gueules, à trois fasces d'argent.

---

(1) Hist. du Lang.
(2) Hist. du Lang., t. II.
(3) Du Mège, xvᵉ liv., p. 462 et 464.
(4) Hist. Lang., t. II ; Du Mège, xivᵉ liv., p. 156.
(5) Hist. du Lang., t. II ; Du Mège, xviᵉ liv., p. 473.

bre 1163, lorsque Ermengarde, vicomtesse de Narbonne, confirma l'abbaye de Quarante, dans la possession de la moitié du château de Coemeraco (1).

FEMME :

ENFANTS :

I° Guillaume qui suit :

DE DURBAN.
—
D'azur à trois fasces d'or.

LE PÈRE ANGE.
(Généalogie de la maison de GLÉON-DURBAN, 1725).

De gueules , à trois fasces d'argent.
(Louis de Laroque , armorial du Languedoc , t. I , page 239, article Gléon-Durban.) (5)

II° Bernard de Durban , qui prêta hommage et serment de fidélité à Ermengarde , vicomtesse de Narbonne , pour le château de Durban , l'an 1157 (2).

La même vicomtesse Ermengarde accorda à Bernard, par un acte du mois d'octobre 1173, un marché tous les lundis au lieu de Durban.

Les enfants de ce Bernard continuèrent de porter le nom de Durban , jusqu'à Guillaume de Durban , lequel eut, de Véziade son épouse, une seule fille, nommée Guillemette, qui apporta, en 1333, la terre et le château de Durban à Guillaume de Treilhes, seigneur de Gléon son mari, et dont la postérité adopta le nom de Gléon-Durban , vers 1371 (3).

III° Raymond de Durban qui assista, en 1171, à un accord fait entre la vicomtesse Ermengarde et le comte Roger de Béziers (4); Bernard et Raymond s'engagèrent avec leur aïeul, envers la vicomtesse Ermengarde , pour tenir d'elle le château de Monséret.

## IX.

GUILLAUME DE DONOS, *alias* de Durban, VI° du nom, chevalier, seigneur de Donos, du Catourze, de Saint-Martin, de Portel, de

---

(1) Hist. du Lang., Dom Vaïssette. — Du Mège, xvi° liv., p. 192.

(2) Hist. du Lang., Dom Vaissette. — Du Mège, xvi° livraison, p. 464.

(3) Le Père Ange, généalogie de la maison de Gléon-Durban. — Archives de la famille de Gléon, à Narbonne.

(4) Hist. du Lang., Dom Vaissette. — Du Mège, xvi° liv., p. 523.

(5) D'après nous, l'appréciation de M. de Laroque, sur les armes des Durban, est rationnelle, puisque les Donos et les Durban étaient de la même famille.

Mathes et en partie de Durban ; sieur de Rupaut et de Poursan, etc....., établit sa résidence au château de Donos ; il assista à l'hommage que Pierre de Fenouillet rendit au vicomte de Narbonne, en 1209 (1).

FEMME : Alamande, qui testa en 1231, faisant son héritier son fils Guillaume (2).

### ENFANTS :

Iᵒ  Guillaume qui suit :

IIᵒ  Gaubert de Donos, IVᵉ du nom, qui assista avec son frère Aymeric, à un plaid tenu à Narbonne.

IIIᵒ Aymeric de Donos, qui fit partie d'une assemblée tenue à Narbonne, en 1236, pour rétablir la paix entre les habitants du bourg et de la cité de cette ville (3).

## X.

GUILLAUME DE DONOS, *alias* de Durban, VIIᵉ du nom, chevavalier, seigneur de Donos, du Catourze, de Saint-Martin, de Portel, de Mathes et en partie de Durban, sieur de Rieupaut, de Poursan, etc., fut au nombre des habitants de Narbonne qui prêtèrent serment de fidélité au roi Saint Louis, l'an 1229 (4).

Il fit faire une limitation et bodulation des terroirs de Montséret et de Donos, contenant la séparation des juridictions desdits lieux. D'après cet acte, passé en 1259 (5), la juridiction de Donos commençait au lieu vulgairement appelé Camplong ou Larque de Caunels, et finissait là où il y a une bodule regardant le côté de Donos par deçà le Rec, et ce qui est par delà le Rec, du côté de Brugayrolles, regardant le côté de La Roque, appelée Font Bolidouyre inclusivement, était du terroir et juridiction de Montséret.

FEMME : noble Ergulose, de laquelle il eut :

---

(1) Hist. du Lang., D. Vaisselte. — Du Mège, xxᵉ liv., p. 575.
(2) Archives de la famille de Martrin-Donos.
(3) Hist. du Lang., t. iii. — Du Mège, xxiiiᵉ liv., p. 410.
(4) Hist. du Lang., D. Vaissette.
(5) Arch. de Martrin-Donos. (Parchemin.)

ENFANTS :

Iº   Gaubert qui suit :

IIº  Alamande, qui testa, en 1293, époque à laquelle elle était veuve
de Raymond de Saint-Ferréol, héritier de sa tante Gaillard de
l'Espinet, par testament de l'an 1256, et fils d'Arnaud Dalmas
de Saint-Ferréol, dont il fut héritier par testament de l'an
1269. Alamande laissa deux enfants :

    A. Bernard, seigneur de Donos, qui suivra :

    B. Raymond qui vivait en 1293 (1).

IIIº  Rixende, femme d'Arnaud-Guillelmi de Saint-Nazaire, laquelle
fit donation à Gaubert de Donos son frère, de tous les droits
qu'elle pouvait prétendre sur les biens de ses père et mère,
par acte de l'an 1281 (2). Cette même année, son mari fit
aussi donation à Gaubert de ces mêmes droits.

IVº  Delphine,   qui firent donation à Gaubert de Donos leur frère,
Vº   Graside,   fils de Guillaume de Durban, seigneur de Donos,
de toutes les prétentions qu'elles pourraient avoir sur les biens
de leurs père et mère, par acte passé en 1271 (3).

VIº  Mabile, qui fit quittance à son frère Gaubert de Donos, de la
constitution de sa dot, avec cession de tous droits qu'elle pourrait prétendre sur les biens de Guillaume de Donos et de sa
femme Ergulose, ses père et mère, par acte de l'an 1270 (4).

VIIº Fine, qui fit donation à Gaubert de Donos son frère, de tout ce
qu'elle pourrait prétendre sur les biens de Guillaume de Durban
son père.

    Elle épousa Adhémar de Saint-Ferréol l'an 1277, et fit à
son frère une reconnaissance de sa dot la même année (5).

## XI.

GAUBERT DE DONOS, *alias* de Durban, Vᵉ du nom, chevalier,

---

(1, 2, 3) Archives de la famille de Martrin-Donos.
(4, 5) Archives de Martrin-Donos.

seigneur de Donos, de Portel, de Mathes et en partie de Durban ; sieur
de Rupaut, de Poursan, etc., étant en procès avec Dalmas, abbé de
Fontfroide, et ses religieux pour les limites et confrontations des terres
de Donos et territoire de Rupaut ; ils convinrent de choisir poar arbitre
de leurs différends, Amalric, vicomte de Narbonne, lequel jugea que le
terme de Donos s'étendrait, du côté du Cers, jusqu'au Castelas de
Bevrelle, et comme ledit Castelas descendrait vers l'eau de Rupaut ; du
côté d'Aquilon, jusqu'au lieu qui s'appelle Sous la Roque, et du côté
du midi, jusqu'au terme de Fontjoncouse. Cet accord fut passé l'an
1264 (1).

Dans un dénombrement fait en 1271, par Aymeri, vicomte de Narbonne, à son frère Aymeri, nous voyons figurer le château de Donos
( de Donis ), et celui de Durban (2), ce qui justifie l'hommage rendu à
Aymeri V, vicomte de Narbonne, par Gaubert de Donos, en 1273, pour
le château de Donos (3).

Les droits seigneuriaux qu'il avait sur Portel, furent augmentés en
1283, par la vente qui lui fut faite, par Raymond de Lastours, de tous
les droits seigneuriaux, fiefs, censives et usages qu'il avait au lieu de
Portel (4).

Gaubert de Donos, ainsi que ses prédécesseurs, prenait tantôt le nom
de Durban, tantôt celui de Donos ; c'est ainsi que dans un acte de l'an
1290, où réglant avec ses vassaux d'une manière définitive, les droits,
censives et corvées qui lui étaient dus, il se nomma Gaubert de Durban,
seigneur de Donos, tandis que dans son testament de l'an 1291, il prend
le nom de Gaubert de Donos, seigneur de Donos, et que dans un
codicille de l'an 1296, il se donne de nouveau le nom de Gaubert de
Durban, seigneur de Donos (5).

C'est dans ce testament qu'il institue son héritier universel, Bernard
son neveu, à la charge de porter ses noms et armes (6).

Gaubert de Donos exerça, envers des marchands de La Grâce qui
traversèrent le terroir de Donos, le droit de *leude* ou péage sur leurs

---

(1) Arch. de Martrin-Donos.
(2, 3) Arch. de Martrin-Donos. — Hist. du Lang. — Du Mège, xxive liv., p. 564.
(4, 5, 6) Arch. de Martrin-Donos.

marchandises, en vertu du pouvoir qu'il tenait du Roi, et à cause du prix excessif qu'ils avaient prélevé sur les habitants de Donos, en échange de leurs marchandises.

FEMME : Rayne de Laurac, fille de Jean de Laurac de Narbonne, qu'il épousa l'an 1249, et dont il n'eut point d'enfants (1).

## XII.

BERNARD DE DONOS, écuyer, seigneur de Donos, sieur de Rupaut, de Poursan, etc., avait réuni sur sa tête, du chef de sa mère, de son oncle Gaubert et de ses tantes, toute la seigneurie de Donos Il abandonna une partie de ses autres biens ainsi que nous le voyons par la quittance réciproque faite entre lui et Pierre-Arnaud de Fraïsse, exécuteur testamentaire de Gaubert de Donos, pour raison de certaines sommes retirées par ledit Fraïsse, de la vente des biens de Gaubert de Donos, sis à Portel, Mathes et Durban, en date de l'an 1297 (2).

Nous voyons encore figurer Bernard de Donos, dans un vidimat fait par Ramond de Granolz, juge royal de Narbonne, d'un hommage prêté, en l'année 1298, à noble Amalric, vicomte de Narbonne, promettant de lui être fidèle pour le château de Donos et pour tout ce qu'il possède dans son terroir (3), comme aussi des termes de Rupaut et de Poursan. Aucun document ne nous apprend le nom de la femme de Bernard, mais nous savons qu'il eut, d'un mariage légitime, plusieurs enfants.

FEMME :

ENFANTS :

I° Gaubert qui suit :

II°

## XIII.

GAUBERT DE DONOS, VI° du nom, chevalier, seigneur de Donos, seigneur direct du château de Leucate; sieur de Rupaut, de Poursan, etc., donna des preuves fréquentes de sa droiture et de sa fermeté,

---

(1, 2, 3) Arch. de la famille de Martrin-Donos.

soit dans les transactions avec ses vassaux, soit en s'opposant aux exactions ou empietements des droits, par les grands seigneurs ses voisins.

C'est ainsi qu'il fit appel, en 1309, contre Pons d'Alzonne, juge de la vicomté de Narbonne, qui procédait à l'audition et réception des témoins produits par Bernard-Blanc de Courtouge, lequel élevait des prétentions sur le terroir de Porcian (Poursan) (1).

Gaubert de Donos tenait fermement la main à l'exécution de la justice, dans toute l'étendue de la seigneurie de Donos; il fit faire des inquisitions par Bérenger de Sales, juge de Donos, sur l'excès commis par Guillaume-Etienne, sur la personne de Pierre Pech, du lieu de Donos, et fit exécuter la sentence rendue par ledit Juge, l'an 1311 (2).

Les nombreux accords ou transactions faites entre les vassaux et le seigneur de Donos, accusent une population assez considérable, et nous croyons devoir citer ici les noms des habitants de Donos qui signèrent un accord avec noble Gaubert de Donos leur seigneur, l'an 1321, non-seulement comme un témoignage de la bonne union qui existait entre eux, mais encore pour confirmer l'importance que nous avons attribuée dans notre notice au lieu de Donos.

*Noms des habitants de Donos, présents à l'accord passé avec Gaubert de Donos, seigneur dudit lieu, l'an 1321.*

Johannes Textoris.
Bernardus Textoris.
Petrus Dotra.
Pontius Dotra.
Berengarius Ministralis.
Petrus Furnerii.
Raymundus Hugonis.
Aymericus Pontii.
Martina uxor Sabaterii.
Arnaldus Petri Hugonis.
Stephanus Alpharici.

(1, 2) Arch. de la famille de Martrin-Donos.

Guillelmus Alpharici.

Johannes Caramani.

Bernardus Navate junior.

Raymundus Maurelli.

Johannes Alpharici.

Rixendis uxor Bernardi Santolli senioris.

Petrus Vergerii.

Raymundus Navata.

Raymundus Bada.

Arnaldus Juliani junior.

Bernardus Navata major.

Julianus filius quondam Raymundi Juliani.

Guilhelmus Michaelis.

Arnaldus Catalani.

Guiraudus Catalani.

Bernardus Joannis senior.

Bernardus Vileta.

Joannes Bartholomei.

Bernardus Serena.

Stephanus Requini.

Johannes de Amoribus.

Johannes Poncini, filius Arnaldi Poncii.

Guillelmus Johannis.

Bernardus Santolli junior.

Johannes Boni filii.

Bernardus Hugonis.

Raymunda Englesia.

Raymunda Benedicta.

Juliana de Furno.

Bernarda Bada.

Castra prædicti de Donis, omnes et singuli facientes, etc.... (1).

Gaubert de Donos accorda aussi aux habitants des dépaissances et

_____

(1) Arch. de la famille de Martrin-Donos.

des défrichements, plutôt en père de famille qu'en seigneur, dans des transactions passées en 1324 et 1325, avec les syndics du lieu de Donos (1).

Il maintenait toutefois les prescriptions avec sévérité ; ainsi en 1324, Ferrié ayant été trouvé faisant dépaître dans le terroir réservé de Donos; Gaubert ordonna que son bétail fût saisi ; néanmoins, à la prière du vicomte de Narbonne, il fit rendre le bétail à Arnaud Ferrié ; mais tenant à ce que le vicomte de Narbonne ne pût se prévaloir de ce qu'il lui avait accordé sur sa prière, Gaubert de Donos inséra dans l'acte de grâce une protestation par laquelle il n'entendait se porter aucun préjudice à raison de cette restitution (2).

Il était seigneur direct du château de Leucate avec son cousin Raymond de Durban, avec simple juridiction et mixte empire (3).

FEMME : Sibille d'Abban, dont le mariage eut lieu en 1316 ; elle était fille de Guillaume et sœur de Raymond d'Abban, damoiseau de Monthoumet, seigneur de Montgaillard ; lequel, comme héritier de Sibille, sa sœur, fit quittance de la restitution de sa dot, à noble Gaubert de Donos, en 1322 (4).

ENFANTS : Gaubert qui suit.

## XIV.

GAUBERT DE DONOS, VII<sup>e</sup> du nom, écuyer, seigneur de Donos, sieur de Rupaut, de Poursan, etc., continua à soutenir vigoureusement les difficultés suscitées par le vicomte de Narbonne ; mais doué d'un esprit fin et conciliant, il sut, tout en conservant ses droits, affermir son pouvoir, en même temps qu'il se fit aimer et respecter des seigneurs ses voisins. Son alliance avec la famille du vicomte de Narbonne, tout en apaisant de vieilles inimitiés, le plaça à la tête des seigneurs les plus considérables de la contrée.

Des documents nombreux existent touchant Gaubert de Donos ; un acte de 1326 et un autre de 1327, nous font connaître son opposition

(1, 2, 3, 4) Arch. de la famille de Martrin-Donos.

à l'institution faite par Amalric, vicomte de Narbonne, de deux juges pour procéder au fait de certains procès entre lui et le seigneur de Donos, lequel avait récusé le viguier et juge du sieur vicomte (1).

Il fit aussi une protestation contre l'acte du juge du vicomte de Narbonne, qui avait pourvu de tuteur Bernard Vilète, du lieu de Donos ; se fondant, ainsi qu'il fut reconnu juste, sur ce qu'il n'appartenait qu'au juge de Donos, d'en avoir connaissance (2), parce que le seigneur du lieu en avait la justice haute, moyenne et basse.

Les inimitiés du vicomte de Narbonne étaient à redouter, même des plus puissants ; or, comme Monseigneur l'Archevêque de Narbonne était haut justicier de Fonjoncouse et du terme de Rupaut qui en dépendait, et comme il voulait jouir de ses droits sans heurter de front le vicomte, il suscita, de concert avec Gaubert de Donos, une plainte de la part des habitants de Fontjoncouse, à la suite de laquelle fut rendue, en 1327, une sentence par Bernard Gardin, chanoine de Narbonne, et Nicolas Picard, archiprêtre de la Corbière, commissaires députés par Monseigneur Bernard, Archevêque de Narbonne, d'entre noble Gaubert de Donos, seigneur de Donos, et les habitants de Fontjoncouse pour le terme (fief) appelé Rupaut, dans lequel acte il est dit que le sieur Archevêque et ses successeurs, a raison du lieu de Fontjoncouse, ont la juridiction haute, moyenne et basse, dans ledit terme de Rupaut ; que Gaubert de Donos et ses successeurs reconnaîtront tenir ledit lieu et terme de Rupaut, en fief de Monseigneur l'Archevêque, et seront tenus de lui prêter hommage et serment de fidélité (3).

Cette sentence contenait la commission de Monseigneur l'Archevêque, pour mettre le seigneur de Donos en possession du terme de Rupaut, ce qui eut lieu l'année suivante 1328, ainsi que le constate la confirmation de ladite sentence, par Monseigneur l'Archevêque de Narbonne, et l'hommage et serment de fidélité qui lui fut prêté par noble Gaubert de Donos, pour le fief de Rupaut (4).

Cette conduite habile de l'Archevêque de Narbonne et du seigneur de Donos, pour se soustraire à la juridiction du vicomte de Narbonne, eut

---

(1) Arch. de Martrin-Donos. — Du Mège, xxve liv., p. 24.
(2, 3, 4) Arch. de la famille de Martrin-Donos.

une entière réussite, car nous voyons qu'en 1332, furent passés des pactes et conventions entre Aymeric, vicomte de Narbonne, et noble Gaubert de Donos, par lesquels ledit sieur vicomte, promet au seigneur de Donos de ne lui plus rien demander pour raison du lieu et terme de Rupaut (1).

Gaubert de Donos fit également débouter de ses prétentions le juge de Fenoilhedois, par M. le sénéchal de Carcassonne, à cause de certaines ordonnances rendues entre lui et les habitants de Fontjoncouse, l'an 1334 (2).

Cette même année, Aymeric, vicomte de Narbonne, fit quittance et cession à noble Gaubert de Donos, seigneur de Donos, de l'hommage et serment de fidélité qu'il lui rendait pour le château de Donos et ses dépendances, le chargeant de le faire à l'avenir à Aymeric son fils aîné, de la même façon qu'il était tenu de le faire audit vicomte (3).

Après tant d'altercations orageuses, l'accord commença à se faire entre le vicomte et le seigneur de Donos, et une alliance entre les deux familles, par le mariage de Gaubert de Donos, l'assura entièrement et leur procura le calme par l'échange réciproque de bons procédés.

Gaubert de Donos vivait encore en 1348 et 1352, époques auxquelles il consentit des achats à divers particuliers de Donos, entre autres à André et Pierre Mollitz, sous les charges et servitudes accoutumées (4).

FEMME : Mabilie de Narbonne, de la famille des vicomtes de Narbonne, qu'il épousa l'an 1340 (5).

DE NARBONNE.

De gueules plein.

Gaubert de Donos prêta, cette même année, un nouvel hommage et serment de fidélité à Monseigneur l'Archevêque de Narbonne, pour le fief de Rupaut (6).

### ENFANTS :

I° Gaubert qui suit :

II° Aladaxis de Donos, qui épousa un seigneur dont le nom nous est inconnu et auquel les habitants de Donos voulurent payer la

---

(1, 2, 3, 4, 5, 6) Arch. de la famille de Martrin-Donos.

9

dot de Aladaxis, pour donner des preuves de leur attachement à leur seigneur; ce document honorable pour les vassaux et pour le seigneur, est extrait des archives de la famille de Martrin-Donos, et porte pour date l'an 1331.

## XV.

GAUBERT DE DONOS, VIIIe du nom, écuyer, seigneur de Donos, sieur de Rupaut, de Poursan, etc., succéda à son père vers l'an 1355; parmi le peu de documents qui le concernent, nous avons trouvé un acte de 1377, par lequel il appert que le bayle du lieu de Donos, pourvut de tuteur et administrateur, Arnaud et Bernard Catalans, frères, dudit lieu de Donos, en vertu de la commission à lui envoyée par le juge de Donos, signée par Me Jaubert, notaire (1).

Gaubert de Donos, prêta hommage et serment de fidélité au vicomte de Narbonne, pour le château de Donos, l'an 1375 (2).

FEMME : Bérengère, laquelle fit quittance, à son fils Gaubert, de la constitution de sa dot, par acte de l'an 1365 (3).

### ENFANTS :

Io  Gaubert qui suit :

IIo Marguerite de Donos, femme de Guillaume d'Abban, seigneur des Champs, laquelle vivait en 1408 (4).

IIIo Sibrin ou Severin de Donos, seigneur de Bizanet, qui partagea, avec son frère Gaubert, les biens d'Arnaud de Bizan, en 1365 (5).

Sibrin de Donos laissa un fils appelé Jean de Bizanet, qui vivait en 1408 (6).

## XVI.

GAUBERT DE DONOS, IXe du nom, écuyer, seigneur de Donos, et en partie de Bizanet, sieur de Rupaut, de Poursan, etc.... produisit

---

(1, 2, 3, 4, 5, 6) Arch, de la famille de Martrin-Donos.

un dénombrement de la seigneurie de Donos et de ses dépendances, par-
devant les commissaires subdélégués du sénéchal de Carcassonne,
député par le roi et les gens tenant les comptes de Paris, pour recevoir
et vérifier les titres des fiefs nobles de ladite sénéchaussée, acte pro-
duit l'an 1389 (1).

Juste et ferme, Gaubert de Donos mérita toute la considération dont
il jouissait auprès des seigneurs ses voisins ; à lui s'adressaient toutes
les déférences, tous les honneurs.

Les services qu'il rendit à toute la noblesse de la vicomté de Narbonne, le placèrent à la tête des seigneurs de cette vicomté dont il était
considéré avec juste raison comme l'honneur et le soutien, autant par
son courage particulier, que par la noblesse de son origine et de ses
actions, et par sa probité et sa justice.

Malgré les liens de parenté qui unissaient le seigneur de Donos et le
vicomte de Narbonne, ils ne purent demeurer longtemps unis, et les
vieilles querelles de ces deux puissantes maisons se ravivèrent, ainsi
que nous allons le voir.

Le juge royal de Narbonne, s'étant réservé la cause de deux indi-
vidus du lieu de Donos, Gaubert y fit opposition ; mais Guillaume,
vicomte de Narbonne, ayant persisté dans l'intention de poursuivre la
cause, le Parlement de Paris eut à se prononcer, et par un arrêt de
1391, il fit défense aux officiers du vicomte de Narbonne d'en connaître,
déclarant ladite cour du Parlement que le vicomte avait mal appelé, et
le condamnant aux dépens (2).

Le vicomte de Narbonne suscita encore d'autres difficultés à Gaubert
de Donos, ainsi que l'atteste une procuration de ce seigneur, de l'an
1396, pour la poursuite d'un procès qu'il avait avec le vicomte de Narbonne (3).

D'un autre côté, quelques seigneurs et plusieurs gentilshommes de
la vicomté de Narbonne, ayant remis leur cause entre les mains du seigneur de Donos pour soutenir leurs droits contre les prétentions du
vicomte, sur les terres et possessions desdits seigneurs et gentilshom-

---

(1, 2, 3) Arch. de la famille de Martrin-Donos.

mes ; Gaubert répondit à la confiance des gentilshommes, et un arrêt
de la cour du Parlement intervint, par lequel le vicomte de Narbonne
aurait été démis, et lesdits nobles absous des prétentions qu'il avait
conçues ; le vicomte s'opposant à l'exécution, aurait eu de nouveau re-
cours à ladite cour, qui par un arrêt de 1397 ordonna que l'exécution
susdite tiendrait, et démit le vicomte de Narbonne de son opposition,
avec dépens (1).

Le mécontentement et l'inimitié de ce dernier, envers Gaubert de
Donos, furent portés à l'excès, d'autant plus que, de son côté, Gaubert
saisit toutes les occasions de s'exempter des droits qui n'étaient pas par-
faitement établis.

La situation respective de ces seigneurs devint trop tendue pour que
des actes plus énergiques ne s'ensuivissent pas ; aussi voyons-nous, en
1397, le refus de Gaubert de Donos de prêter hommage et serment de
fidélité à Guillaume, vicomte de Narbonne, prétendant qu'il ne devait
hommage qu'au Roi, et que si les vicomtes de Narbonne l'avaient
obtenu de quelques-uns de ses aïeux, ce n'avait été que par suite des
usurpations des vicomtes (2).

Le vicomte de Narbonne, furieux, envoya des officiers à Donos, et
fit saisir et annoter tous les fiefs, biens et possessions de noble Gaubert
de Donos, seigneur dudit Donos, pour ne lui avoir pas rendu l'hommage
de foi et fidélité, qu'il disait lui être obligé de lui rendre ; l'acte de saisie
reçu par Me Jean de Lordière, notaire de Narbonne, est de l'an 1397 (3).

Une action de cette importance devait naturellement incomber à la
justice supérieure, et nous en trouvons la solution ainsi qu'il suit :

Premièrement, après avoir reconnu que, en effet, l'hommage et serment de fidélité pour la terre et le château de Donos, n'étaient dûs primitivement qu'au Roi ; la cour du Parlement de Paris disant que des
modifications avaient été faites, « déclare ledit château et lieu de Donos
» être redevable au vicomte de Narbonne, en cas seulement de danger
» évident, et lorsqu'il aurait guerre en sa personne, sans qu'il puisse
» prendre les biens dudit seigneur, l'obliger à quitter ledit lieu et châ-

---

(1, 2, 3) Arch. de la famille de Martrin-Donos.

» teau, ni prétendre à la juridiction haute, moyenne et basse, ni à
» l'institution du capitaine qui tient les clés dudit château. Donné en
» l'an 1399 » (1).

Et secondement, par un procès-verbal fait par Randulphe de Ganges,
viguier royal de Limoux, commissaire député par la souveraine cour
du Parlement de Paris, lequel, en vertu de l'arrêt ci-dessus, aurait mis
Gaubert de Donos en la possession du château et seigneurie de Donos,
démettant le vicomte de Narbonne de toute juridiction qu'il voulait avoir
dans ledit lieu, défendant aux officiers du vicomte de s'ingérer plus
à l'avenir dans leurs charges, ni troubler ou molester ledit seigneur
Gaubert de Donos en la possession et jouissance des biens et château
où lui seul avait la justice haute, moyenne et basse (2).

Un certificat de 1399, atteste que l'arrêt fut notifié aux officiers du
vicomte de Narbonne, et que le viguier royal avait procédé lui-même à
son exécution (3).

Ces funestes dissentiments existèrent encore quelque temps, entre le
vicomte de Narbonne et le seigneur de Donos, le vicomte plus puissant
et cherchant sans cesse à se venger des échecs qu'il avait éprouvés dans
les différentes causes que nous venons de citer ; l'occasion se présenta
bientôt, et nous allons rendre compte de la cause grave qui ranima les
inimitiés et les rancunes de ces deux seigneurs.

Un habitant de Coustouge, nommé Bernard Rubei, ayant tué, dans le
terroir de Donos, Pierre Santol, du lieu de Donos, le seigneur fit prendre
et incarcérer le meurtrier, et il le tint dans les prisons de Donos, dans
l'intention de le juger.

Mais le vicomte de Narbonne, intervint et fit signifier au seigneur de
Donos, les réquisitions faites par Antoine Roques, notaire royal de
Narbonne, commissaire subdélégué par Durand Fabri, viguier royal de
Narbonne, député par Charles, roi de France, à l'exécution des lettres
de grâce, données par Sa Majesté, en faveur de Bernard Rubei, de
Coustouge, portant absolution du meurtre qu'il avait commis en la per-
sonne de Pierre Santol, du lieu de Donos (4).

---

(1, 2, 3, 4) Arch. de la famille de Martrin-Donos.

Les ordres du vicomte de Narbonne étaient que l'on remît entre ses mains, le meurtrier qui était détenu dans les prisons de Donos; mais Gaubert de Donos, s'y refusa et répondit qu'il lui appartenait, ou à son juge, d'avoir connaissance de ce crime, en qualité de seigneur haut, moyen et bas du lieu de Donos.

A la suite de ce refus, le vicomte de Narbonne envoya des gens armés avec les officiers de sa justice, et fit enlever de force, des prisons de Donos, Bernard Rubei, qu'il plaça sous sa sauvegarde, à Narbonne (1).

Une santé chancelante ne permit pas à Gaubert de Donos de voir le dénoûement de cette affaire, car il mourut peu de temps après. Son testament est de l'an 1408; il nomme son héritier Bernard son fils, lui substituant, Jacques, fils dudit Bernard, et après lui, ses autres enfants; et s'il arrivait que Bernard vînt à mourir sans enfants mâles, il lui substitua Huguète, fille dudit Bernard, et après elle, mourant sans mâles, Marguerite son autre fille, à laquelle il substitua encore Aladaxis leur sœur, et si les uns ni les autres n'ont point de mâles, il laisse ledit héritage à Bernard, pour en disposer à sa volonté; et si Bernard vient à mourir sans enfants, et *ab intestat,* veut que sondit héritage vienne à Marguerite de Donos, femme de Guillaume des Champs et aux siens, et s'il arrive que Marguerite et les autres, ci-dessus nommés, meurent sans enfants, veut et entend que son héritage appartienne à noble Jean de Bizanet, fils à Sibrin de Donos son frère (2).

FEMME : Rayne, laquelle testa en 1395, faisant héritier Bernard de Donos son fils (3).

### ENFANTS :

I° Gaubert de Donos, mort en bas âge.

II° Bernard qui suit :

III° Severin de Donos, moine à l'abbaye de la Grasse, vivant en 1415 (4).

IV° Pierre de Donos, moine à l'abbaye de la Grasse, vivant en 1415 (5).

---

(1, 2, 3, 4, 5) Arch. de la famille de Martrin-Donos.

## XVII.

BERNARD DE DONOS, II<sup>e</sup> du nom, écuyer, seigneur de Donos, co-seigneur de Mathes, sieur de Rupaut, de Poursan, etc....., donna suite au procès engagé entre son père et le vicomte de Narbonne, au sujet de Rubei, et malgré l'animosité du vicomte et les lettres de grâce accordées par Sa Majesté, Bernard de Donos sut se faire rendre justice, et d'après un acte de l'an 1406, retenu par M<sup>e</sup> Pierre Cornède, notaire de Narbonne, le juge criminel de Carcassonne, député par le sénéchal de ladite ville, porta commandement au viguier du vicomte de Narbonne, de remettre le meurtrier au pouvoir et dans les prisons des officiers du seigneur de Donos (1).

La réintégration de Rubei, dans les prisons de Donos, se fit en effet tout de suite et publiquement, ce qui constitua une sorte de triomphe pour Bernard de Donos ; toutefois il ne s'en prévalut point, et dès lors nous ne trouvons plus, ni dans leurs relations ni dans celles des descendants des vicomtes de Narbonne et seigneurs de Donos, cette animosité préjudiciable à l'autorité et au caractère de chacun d'eux.

Le testament de noble Bernard de Donos est de l'an 1415. Il institue pour son héritier Pierre de Donos son fils, auquel il substitue Marguerite de Donos, et à elle Huguète et à celle-ci Blanche et ses autres filles, et au cas sesdits enfants viennent à mourir sans postérité, il leur substitue Severin et Pierre de Donos ses frères, moines de la Grasse, pour jouir de son héritage pendant leur vie tant seulement, ordonnant qu'après leur mort lesdits biens soient vendus par le recteur de l'église de Donos, et que de l'argent en provenant, il fut fondé deux chapellenies dans ladite église (2).

FEMME : Alamande de Séjan, fille de Guillaume de Séjan, seigneur de Mathes, lequel testa, en 1406, la chargeant elle et ses enfants, à défaut d'autre postérité, de porter son nom et armes (3).

Alamande testa en 1452, faisant son héritier Pierre de Donos son fils (4).

DE SÉJEAN
ou SIJEAN.

D'argent, à la fasce de gueules, accompagnée en pointe d'un arbre de sinople, posé sur un tertre mouvant du bas de l'écu.

(Armorial des états du Languedoc, par Gastelier de Latour.)

---

(1, 2, 3, 4) Arch. de la famille de Martrin-Donos.

ENFANTS :

Iº Jacques de Donos, nommé dans le testament de son aïeul, en 1408, était mort, en 1415, sans postérité.

IIº Marguerite de Donos, nommée en 1415, dans le testament de son père.

IIIº Huguète de Donos, légataire de son grand-père et de son père, en 1408 et 1415.

IVº Aladaxis de Donos, vivante en 1408, était morte en 1415.

Vº Pierre de Donos qui suit :

VIº Blanche de Donos, vivante en 1415, épousa par contrat de l'an 1444, Nicolas de Bernous, seigneur de Villerambert (1).


## XVIII.


PIERRE DE DONOS, écuyer, seigneur de Donos, co-seigneur de Mathes, sieur de Rupaut, de Poursan, etc....., fit faire une reconnaissance, le 6 août 1441, par Guillaume Barrière, recteur de l'église paroissiale de Donos, par laquelle il confesse et reconnaît tenir dudit seigneur de Donos, en tout lausime foriscape et autres droits, la maison de la Capellanié de la rectorerie du lieu de Donos, le verger contigu et un farrajal communément appelé de la Capellanié, sous la cense annuelle de trois messes de mort, six pugnères d'orge et une géline (2).

Il existe aussi une quittance réciproque, entre demoiselle Catherine fille de noble Jordain de Monjuif, seigneur de Murassos, veuve d'Antoine de Bothenac, et noble Pierre de Donos, seigneur de Donos, pour la dot de demoiselle Eulalie de Donos, de l'an 1483 (3).

---

(1) Arch. de la famille de Martrin-Donos.

(2) Arch. de la famille de Martrin-Donos. — D'après un document, concernant la terre de Lebrettes, près Narbonne, Pierre de Donos était vicaire de Guilhaume, vicomte de Narbonne.

(3) Arch. de Martrin-Donos. — De Larroque, armorial du Languedoc, donne pour femme à Antoine Duhac, seigneur de Routenac, Catherine de Monstref-de-Murasson.

FEMME : Delphine d'Aiguefonde, fille de noble Guiraud Bonhomme d'Aiguefonde, co-seigneur d'Hautpoul et de Blanc, d'après les pactes de l'an 1440 (1).

ENFANTS :

I° Raymond qui suit :

II° Sibille de Donos, qui se maria cinq fois, savoir : avec

1° Guillaume de Thezan, seigneur de St-Geniez, par contrat de l'an 1457 (2) ; elle fit cession à son père et à son frère des biens de sa mère, l'an 1458 (3).

2° Berenger de Fabrègues, autrefois de Brettes, par contrat de l'an 1474 (4), duquel elle eut une fille, Jeanne de Brettes de Fabrègues, qui épousa, en 1492, Jacques de Carcassonne, seigneur de Soubès (5).

3° Jean de Castres, seigneur de Carcastel, par contrat de l'an 1484 (6).

4° Guillaume Gépy, de Béziers, que Sibille de Donos épousa, l'an 1488 (7).

5° Antoine de Carcassonne, seigneur de Soubès, que Sibille de Donos épousa, l'an 1492, en même temps que la fille de Sibille Jeanne de Brettes de Fabrègues épousa le fils dudit Antoine, nommé Jacques de Carcassonne, co-seigneur de Soubès (8).

Nous trouvons encore une cession faite par Sibille de Donos, en 1484, à noble Pierre de Donos et Raymond de Donos, père et fils, des droits à elle constitués en son contrat de mariage avec noble Jean de Castres (9).

---

(1, 2, 3, 4) Archives de la famille de Martrin-Donos.

(5) Arch. de la famille de Martrin-Donos. — Père Anselme, Histoire des grands Officiers de la Couronne, art. Carcassonne.

(6, 7) Arch. de la famille de Martrin-Donos.

(8) Arch. de la famille de Martrin-Donos. — P. Anselme, Hist. des grands Officiers de la Couronne, art. de Carcassonne, seigneur de Soubès. — De Larroque, armorial du Languedoc, art. de Carcassonne. ·

(9) Arch. de la famille de Martrin-Donos.

## XIX.

RAYMOND DE DONOS, écuyer, seigneur de Donos, co-seigneur de Mathes et Portel, sieur de Rupaut, de Poursan, etc, produisit un certificat du sénéchal de Carcassonne, duquel il résultait qu'il avait été appelé, et s'était présenté au ban et arrière-ban de ladite sénéchaussée, l'an 1477 (1).

Les droits seigneuriaux qu'il avait sur Mathes et Portel, lui ayant été contestés, il fournit, à l'appui de ses droits, plusieurs documents dont entre autres un acte d'achat, donné par noble Pierre de Donos, seigneur de Donos, co-seigneur de Mathes et Portel son père, aux ouvriers de l'église de Notre-Dame de Portel, d'un pré sis au terme dudit Mathes, contenant trois setérées et demie, sous la cense et usage annuel de deux sols et demi à la Noël, en outre lesdits ouvriers sont tenus de faire dire dans l'église Saint-Etienne dudit Portel, tous les ans, trois messes, une haute et deux basses, pour les âmes de ceux pour lesquels ledit seigneur est obligé de faire prier, et seront encore tenus de payer audit seigneur pour le foriscape, à chaque renouvellement du recteur, deux livres quinze sols ; acte daté de l'an 1481 (2).

Des plaintes s'étant élevées, tant de la part des habitants de Donos que de celles des habitants de Thezan, Raymond de Donos s'étant concerté avec Audouin d'Abriac, abbé du monastère de la Grasse et seigneur de Thezan, ils firent faire, l'an 1497, une limitation et bodulation des terroirs de Donos et de Thezan (3).

FEMME : Sobiranne de Monbrun, fille de Jean de Monbrun, seigneur de Roquecourbe; leur mariage eut lieu par contrat de l'an 1476 (4).

ENFANTS :

Iº Jacques de Donos qui suit :

IIº Catherine de Donos qui obtint une bulle du Pape Paul Vᵉ, pour son mariage avec Bernard de Gléon son parent, datée de l'an 1511 (5).

(1, 2, 3, 4, 5) Archives de la famille de Martrin-Donos.

## XX.

JACQUES DE DONOS, écuyer, seigneur de Donos, co-seigneur de Mathes et de Portel, sieur de Rupaut, de Poursan, etc., fut réduit, par suite d'affaires malheureuses, à vendre la moitié de la seigneurie de Donos, ainsi que nous l'apprend l'acte de vente, consenti par lui, au sieur Guillaume Ruffi ou de Roux, marchand de la Grasse, par-devant Me Antoine Mougeti, notaire de la ville de Toulouse, l'an 1517 (1).

Il produisit un certificat du sénéchal de Carcassonne, constatant qu'ayant été appelé au ban et arrière-ban de ladite sénéchaussée, à raison de ses fiefs, il s'était présenté l'an 1529 (2).

FEMME :

ENFANTS :

Iº Jean de Donos qui suit :

IIº Marguerite de Donos, qui épousa, en 1539, Blaise de Lauzières, seigneur de Soubès, dont elle eut deux enfants, savoir : Antoine de Lauzières, co-seigneur de Soubès, et Jean de Lauzières, vivant en 1562 (3).

DE LAUZIÈRES
ou
LOZIÈRES.

—

D'argent, au buisson ou osier de sinople.

Blaise de Lauzières et Marguerite de Donos sa femme, firent une quittance à Jean de Donos, dans laquelle Marguerite céda à son frère Jean, tous les droits paternels et maternels qu'elle pourrait prétendre sur ses biens, en date de l'an 1540 (4).

## XXI.

JEAN DE DONOS, écuyer, seigneur de Donos, sieur de Rupaut, de Poursan, etc., fournit un dénombrement, par-devant le sénéchal de Carcassonne, des biens nobles qu'il possédait; dans ce nombre était compris le bien de Donos, consistant en terres, champs, vignes, olivettes, prés, bois, colombiers, moulin d'eau à blé, censives, usages, tasques

(1, 2) Arch. de la famille de Martrin-Donos.

(3, 4) Arch. de la famille de Martrin-Donos. — P. Anselme, Hist. des grands Officiers de la Couronne, art. Lauzières. — De Larroque, armorial du Languedoc.

et autres droits seigneuriaux ; ensemble la juridiction et justice haute , moyenne et basse, mère et mixte impère, et fit hommage et serment de fidélité dus au Roi , en date de l'an 1540 (1).

Il existe deux actes de reconnaissance à noble Jean de Donos, par Barthélemy Doutre et par les autres habitants de Donos, des terres et possessions qu'ils avaient dans le terroir de Donos , sous les censes et usages y exprimés, et en outre seront tenus de payer audit seigneur de Donos, huit journals, avec le bétail qu'ils auront, savoir : deux à semer, deux à vendanger, deux à charrier les gerbes, et deux à battre le blé (2).

Jean de Donos ayant eu des démêlés avec l'abbé de Fontfroide, ils furent portés devant la Cour de Béziers, ce qui nous est confirmé par un arrêt de la Cour, tenant les grands jours à Béziers, pour lequel elle renvoie les parties y nommées, devant le lieutenant de Béziers, sans préjudice de la juridiction du seigneur de Donos, de l'an 1550 (3).

D'ABBAN.
—
D'argent, à la fasce d'azur, chargée de trois fleurs de lys d'or.

FEMME : Hélène d'Abban, d'après les pactes de mariage qui furent signés l'an 1531 ; Hélène vivait encore en 1574, d'après le testament de son fils, Paul de Donos, qui la faisait son héritière (4).

ENFANTS :

I° Jacques de Donos, II° du nom, écuyer, seigneur de Donos, sieur de Rupaut, de Poursan, etc. , après la mort de son père, passa une transaction , le 23 décembre 1559, avec Jaumes de Frégonse, abbé de Fontfroide, pour raison de certains herbages de Plâ de Roques et Rupaut, et ceux des terroirs de Poursan, Viviers et Caraguilhe , et une autre transaction avec les habitants de Coustouge, pour le terme de Poursan (5).

Jacques de Donos était mort sans postérité en 1568, époque du testament de sa mère.

II° Barthélemy de Donos, co-seigneur de Donos, vivait en 1567, époque à laquelle fut passée une transaction entre demoiselle Jeanne de Roux , dame de Comèles, par laquelle ladite dame

(1, 2, 3, 4, 5) Arch. de la famille de Martrin-Donos.

se départ et relaxe à demoiselle Hélène d'Abban et à Barthélemy et Paul de Donos, de tous les droits qu'elle avait sur la seigneurie de Donos, au moyen de la vente à elle faite ou à Guillaume de Roux son frère, par noble Jacques de Donos, de la moitié de ladite seigneurie de Donos (1).

Hélène d'Abban testa en 1568, en faveur de Barthélemy de Donos, le faisant son héritier avec les clauses de substitution à ses autres enfants; et en 1572, elle lui fit don de tous ses biens, lui relaxant et remettant la place et seigneurie de Donos (2).

Une procuration de l'an 1595, faite par Paul de Donos, co-seigneur de Donos, à noble Jacques de Monbrun, seigneur de Roquecourbe son beau-frère, nous apprend le meurtre commis sur la personne de Barthélemy de Donos, suivi de sa mort, sans que nous ayons pu découvrir aucun document qui puisse nous expliquer cette mort violente (3).

Un acte de donation passé avec l'autorisation du sénéchal de Carcassonne, l'an 1572, par Barthélemy de Donos, seigneur dudit lieu, et suivant la volonté de demoiselle d'Abban sa mère, donne à noble Paul de Donos son frère, tous et chacun ses biens, au cas qu'il vienne à mourir sans enfants, et s'il arrive que ledit Paul de Donos décède sans enfants légitimes, veut que lesdits biens aillent à Marguerite de Donos et à Catherine de Douos, ses sœurs, avec la charge, pour l'héritier légitime, de porter ses noms et armes (4).

III° Paul de Donos, écuyer, seigneur de Donos, sieur de Rupaut, de Poursan, etc., après la mort de ses frères, Jacques et Barthélemy, et le rachat, de la moitié de la seigneurie, vendue, en 1517, par Jacques de Donos son aïeul, concentra sur sa tête toute la seigneurie de Donos; il vivait en 1567, époque du rachat dont nous venons de parler, et figure dans le testament de sa mère Hélène d'Abban, en 1568.

Paul de Donos testa en 1574, faisant héritière demoiselle

(1, 2, 3, 4) Arch. de la famille de Martrin-Donos.

d'Abban sa mère, à la charge de laisser ledit héritage à Marguerite de Donos sa sœur, lui substituant Catherine et Arnaude de Donos ses autres sœurs, avec l'obligation, pour l'héritier, de porter ses noms et armes (1).

IV° Marguerite de Donos, qui épousa, d'après ses pactes de mariage de l'an 1556, noble Jacques de Monbrun, fils de François de Monbrun, seigneur de Roquecourbe (2).

Sa mère lui fit donation, par acte de l'an 1575, de tous les droits et prétentions qu'elle avait sur la seigneurie de Donos et sur les biens de Jacques de Donos et Barthélemy ses enfants, décédés *ab intestat*, avec transmission des noms et armes des Donos à ses enfants, avec l'autorisation du sénéchal de Carcassonne (3).

Son mari, Jacques de Monbrun, testa, l'an 1584, et Marguerite de Donos l'an 1601, faisant son héritier universel, noble Antoine de Martrin son neveu, fils de Catherine de Donos sa sœur, avec l'obligation, pour le susdit Antoine de Martrin de porter les noms et armes de Donos (4).

V° Catherine de Donos qui suit :

VI° Arnaude de Donos qui épousa, en 1575, Charles de Chambert, seigneur de Bizanet, lequel mourut bientôt après, et Arnaude épousa, en 1576, noble Pierre de l'Espignan, fils de François de l'Espignan (5).

Hélène d'Abban, sa mère, lui fait don, par acte de l'an 1576, de tous les biens qu'elle avait au terroir de Villeneuve la Crémade-les-Béziers et ailleurs (6). Arnaude était morte en 1581, d'après une transaction passée entre noble Jacques de Monbrun, seigneur de Roquecourbe, et demoiselle Marguerite de Donos, mariés; et noble Pierre de l'Espignan, comme héritiers et ayants droit de demoiselle Arnaude de Donos, sur la succession des biens d'Hélène d'Abban, mère desdites demoiselles, par laquelle transaction il est dit que Marguerite de

---

(1, 2, 3, 4, 5, 6) Arch. de la famille de Martrin-Donos.

Donos cède et quite audit de l'Espignan , tous les droits
qu'elle pourrait prétendre sur les biens de sadite mère , sis à
Villeneuve la Crémade , et ledit sieur de l'Espignan cède et
quite auxdits mariés , tous les droits et prétentions , parts et
portions qu'il pourrait avoir sur la seigneurie de Donos (1).

## XXII.

CATHERINE DE DONOS, dame de Donos , de Rieupaut , de Pour-
san , etc. , par suite des donations et substitutions de ses frères . avait ,
avec Marguerite de Donos sa sœur , réuni sur leurs têtes , l'entière seigneurie et les terres de Donos. Les consuls ayant voulu empiéter sur
leurs droits, Catherine et sa sœur obtinrent un arrêt de la Cour des
aides de Montpellier contre eux , en l'année 1601 , par lequel la Cour
déclare les biens appartenant auxdites demoiselles, dans le territoire du
lieu de Donos, nobles et exempts de toutes tailles et contributions, tant
ordinaires qu'extraordinaires, et à ces fins qu'ils seront rayés du com-
poix par le premier Magistrat royal (2).

Épousa Gabriel de Martrin , écuyer , seigneur de Ferrayrolles , de
Serregrand , de Bédos , de Pénedès , près Ouveillan , au diocèse de
Narbonne , où il habitait , issu d'une ancienne famille de Rouergue et
fils de Jean de Martrin , seigneur de Ferrayrolles et de Claire de Bédos ,
par acte du 12 août 1563 , passé devant Guillaume Polayrot , notaire de
Béziers , en présence de Charles de Martrin , co-seigneur de Ferrayrolles;
Julien de Martrin , seigneur des Combes ; Alexandre de Narbonne ,
seigneur de Villepassans , etc. (3).

DE MARTRIN
FERRAYROLLES.

—

D'or , à l'aigle
couronné de gueu-
les.

### ENFANTS :

Iº Antoine de Martrin-Donos qui suit :

## XXIII.

ANTOINE DE MARTRIN-DONOS, écuyer, seigneur de Donos , sieur
de Rupaut, de Rupès-Bas, de Saint-Estéve, de Poursan , de Bédos, de

DE MARTRIN-DONOS.

—

Écartelé au 1 et 4
d'or , à l'aigle cou-
ronné de gueules ,
qui est de Martrin ;
au 2 et 3 de gueules,
à trois fasces d'ar-
gent, qui est de Do-
nos.

*Obs.* On trouve
des cachets avec
l'aigle à deux têtes,
mais c'est une er-
reur ; les armes du
château de Fer-
rayrolles, celles du
château d'Esplas ,
celles de l'Albigeois,
etc., n'offrent toutes
qu'une seule tête.

(1, 2, 3) Archives de la famille de Martrin-Donos.

Pénedès, etc. , ayant hérité de Marguerite de Donos, sa tante , par testament de l'an 1601 , fut héritier universel de l'ancienne et noble famille de Donos ; il en prit les noms et armes comme il y était obligé d'après les substitutions faites en sa faveur, approuvées par le sénéchal de Carcassonne, et fixa sa résidence au château de Donos.

A l'appui de cette substitution, nous citerons une ordonnance rendue par Jean de Péricard, seigneur de Méridon , par laquelle il relaxe et décharge Antoine de Martrin-Donos, seigneur de Donos, de l'assignation à lui donnée, de remettre devant ledit sieur Conseiller, les titres et contrats en vertu desquels il jouit de la seigneurie de Donos, le renvoyant en la possession pleine et entière de ladite seigneurie de Donos et juridiction d'icelle, pour en jouir tout ainsi et en la forme et manière que lui et ses aïeux ont ci-devant fait, défendant à toutes personnes, de quelle qualité et condition qu'elles soient, de le troubler ni molester. Donné à Montpellier l'an 1612 , extrait sur son expédié, signé Garrigues, notaire (1).

. En 1631 , noble Antoine de Martrin-Donos, prêta hommage et serment de fidélité au Roi pour la seigneurie de Donos, consistant en juridiction haute, moyenne et basse , mère et mixte impère , château, bâtiment, terres cultes et incultes, droits de lods et ventes, censives et autres droits seigneuriaux ; plus pour un fief joignant ladite terre du côté du midi, appelée Rupès le bas, comme aussi un autre fief au lieu d'Ouveillan, noble, nommé le fief de Bédos, droits du poids de pain, mesurage du vin , pieds de pourceaux , langues de bœuf et autres droits, et encore un autre fief au lieu de Cuxac, en son terroir appelé Pénedès, lesquels fiefs dépendent de la vicomté de Narbonne (2).

Antoine de Martrin-Donos produisit un dénombrement de la seigneurie de Donos et des fiefs ci-dessus mentionnés, en l'année 1633, pardevant Jean de Seigneuret, seigneur de Fabresan, chevalier, conseiller du Roi, trésorier général et grand voyer de France , intendant des Gabelles en Languedoc, commissaire député par MM. les trésoriers généraux de France, à la réception des hommages et vérification des dénombrements (3).

---

(1, 2, 3) Archives de la famille de Martrin-Donos.

Et comme les consuls d'Ouveillan avaient fait opposition touchant les fiefs que le seigneur de Donos avait dénombrés dans le lieu d'Ouveillan, il produisit les pièces à l'appui devant le même conseiller qui inséra une ordonnance de laquelle il résultait que le dénombrement serait tenu pour vérifié (1).

Cette même année 1633, eut lieu la vérification et bodulation des terroirs de Plà-de-Roques et de Pradines (2).

D'après un extrait mortuaire du 18 août 1642, Antoine de Martrin-Donos était mort à cette époque (3).

**FEMME** : Violante (ou Yolande) de Gléon, fille d'Edouard (ou Odoart) de Gléon, seigneur de Durban, et de Gabrielle de Voisins. Leur contrat de mariage fut passé au château de Durban, dans les Corbières, le 12 octobre 1600, devant Louis Razouls, notaire du lieu de Séjean, insinué à Carcassonne, le 9 février 1611 (4).

Violante de Gléon testa, étant veuve, le 24 novembre 1662, et fit, dans cet acte, une donation à son fils Gabriel de Martrin, seigneur du Perget ; elle institua son héritier universel François de Martrin-Donos son autre fils, par acte reçu par Poran ou Serran, notaire de Fontjoncouse, au diocèse de Narbonne (5).

**ENFANTS :**

Iº François qui suit :

IIº Gabriel de Martrin-Donos, seigneur d'Esperget (ou du Perget), lequel fut compris dans les preuves de noblesse produites par son neveu Gabriel de Martrin-Donos, seigneur de Donos, à Montpellier, le 19 novembre 1668. Il avait passé une transaction avec ce même Gabriel son neveu, le 11 septembre 1666 (6).

Nous avons encore une transaction du 4 décembre 1667, entre Gabriel de Martrin et Jean-Louis de Raspaud, dans laquelle ce dernier déclare en faveur dudit Gabriel et Jeanne de Goyrans, mariés, qu'il leur appartient un troisième de la

DE GLÉON-DURBAN.

Ecartelé au 1 et 4, de gueules au chevron d'argent qui est de Gléon ; au 2 et 3 d'azur, à trois fasces d'or qui est de Durban.

(LE PÈRE ANGE.)

Branche DE MARTRIN D'ESPERGET. — Mêmes armes que Martrin Ferrayrolles.

(1, 2, 3, 4, 5, 6) Arch. de la famille de Martrin-Donos.

portion de la justice haute, moyenne et basse, que la maison de Raspaud a dans le lieu de Colomiers (1). Gabriel de Martrin, seigneur d'Esperget, vendit une partie de cette justice à Bernard de Lhopital, le 5 novembre 1665 (2).

FEMME : Jeanne de Goyrans, par contrat daté du 18 novembre 1636, par-devant Tivelve, notaire de Toulouse (3).

ENFANTS :

A. Antoine de Martrin du Perget, ayant fait plusieurs ventes.

B. N..... de Martrin, appelé Ferrayrolles, mort avant 1679.

C. Jean de Martrin du Perget, mort en 1679.

D. Jean-Louis de Martrin du Perget, ayant épousé Jeanne de Goyrans sa parente, et vivant l'un et l'autre en 1679.

Ils vendirent, chacun en particulier, les droits qu'ils avaient sur la justice haute, moyenne et basse, du lieu de Colomiers, savoir : Antoine en 1674, 1678, 1683 ; et Jean-Louis qui avait hérité de ses frères Jean et Ferrayrolles, vendit en 1679.

Enfin, Antoine de Martrin vendit le 26 mars 1688, le château situé dans la juridiction de Colomiers, appelé de Masseben et Delperget, avec ses dépendances, et tout ce que la famille possédait de la justice haute, moyenne et basse de Colomiers (4).

Nous n'avons pas d'autres traces de ce rameau.

III° Pierre de Martrin-Donos, nommé dans un acte de sa mère, Violante de Gléon, et dans les preuves de noblesse produites par Gabriel de Martrin-Donos.

IV° Jean de Martrin-Donos, religieux bénédictin au monastère de la Grasse, en 1640 (5).

---

(1, 2, 3, 4, 5) Archives de la famille de Martrin-Donos.

Vᵒ Dame Paule de Martrin-Donos, religieuse au couvent de Prouilhe, et nommée dans le testament de Violante de Gléon sa mère, en 1662 (1).

## XXIV.

FRANÇOIS DE MARTRIN-DONOS, écuyer, seigneur de Donos, sieur de Rupaut, de Rupès-Bas, de Saint-Estève, de Poursan, de Bédos, de Pénedès, etc., obtint un certificat du sénéchal de Carcassonne, attestant qu'il était compris dans le rôle des nobles convoqués l'an 1639; il fit un dénombrement des biens et droits qu'il jouissait noblement, savoir : la place et seigneurie de Donos en la sénéchaussée de Carcassonne, avec toute justice haute, moyenne et basse, mère et mixte impère, en foi hommage et serment de fidélité dus au Roi; plus, un fief noble joignant ladite terre de Donos, appelé Rupès-le-Bas; plus, il tient noblement au lieu d'Ouveillan, une maison dite le château supérieur, et deux patus dans le fort, avec la quantité de cent cinquante séterées de terre (2).

Extrait collationné et tiré de l'original par le greffier commissionné de ladite sénéchaussée, signé Hortal (3).

François de Martrin-Donos eut une commission du marquis d'Ambres, pour commander les gendarmes et chevaux légers de Monseigneur le Cardinal-Duc, qui étaient logés dans le lieu d'Ouveillan, en date du 6 mars 1642 (4).

Il fut enterré dans l'église de Saint-Paul de Donos, d'après l'attestation de son extrait mortuaire, en date du 18 janvier 1665, signé Guiraud, prêtre et recteur du lieu de Donos (5).

FEMME : Marguerite d'Aldebert, fille de noble Paul d'Aldebert, seigneur de Pradelles, Moutza, Carbonac et autres lieux, et d'Isabeau de Tregoin. Par contrat du 17 août 1638, reçu par de Granos, notaire de Barbeyrac, insinué au sénéchal de Carcassonne, le 20 novembre de la même année (6).

D'ALDEBERT.

D'azur, à l'aigle d'argent, accompagné en pointe d'un croissant du même.

_____

(1, 2, 3, 4, 5, 6) Archives de la famille de Martrin-Donos.

ENFANTS :

Iº  Gabriel qui suit :

IIº Guillaume de Martrin-Donos, auquel son frère Dominique fit
deux obligations, en date du 10 février 1682 ; il était alors
capitaine au régiment de Champagne (1).

IIIº Dominique de Martrin-Donos, qui était lieutenant au régiment
de Champagne, en 1682 (2).

IVº Jean-Pierre de Martrin-Donos, conducher à l'église de Saint-
Paul de Narbonne.

Vº  Jean-Antoine de Martrin-Donos, recteur de Tourouzelle, qui fit
une vente à Calvin de Thezan, le 12 mai 1680 (3).

VIº Barthélemy de Martrin-Donos, qui testa en 1672, et qui avait
été légataire de sa grand'mère, Violante de Gléon (4).

Un partage entre frères eut lieu le 16 janvier 1685, par-
devant Jean Valette, notaire de Carcassonne (5).

## XXV.

GABRIEL DE MARTRIN-DONOS, IIe du nom, écuyer, seigneur de
Donos, sieur de Rupaut, de Rupès-Bas, de Saint-Estève, de Poursan,
de Bédos, de Pénedès, etc., baptisé le 25 septembre 1639, fit recevoir
ses preuves de noblesse, à Montpellier, par-devant M. Bazin, seigneur
de Bezons, le 19 novembre 1668 (6).

Ayant eu quelques difficultés avec le sieur Guiraud, prêtre et recteur
du lieu de Donos, qui voulait détourner les eaux de la source appartenant au seigneur de Donos, il lui fit faire soumission par jugement du
2 septembre 1669 (7).

Gabriel de Martrin-Donos, eut aussi à faire prévaloir ses droits
usurpés par le receveur des tailles de Narbonne, Durantet, qui eut l'au-

(1, 2, 3, 4, 5) Archives de la famille de Martrin-Donos.
(6) Arch. de la famille de Martrin-Donos. — Pièces fugitives pour servir à l'Histoire
de France. (Marquis d'Aubays.)
(7) Arch. de la famille de Martrin-Donos.

dace de se rendre à Donos, les consuls étant absents l'an 1676, et de faire les saisies contre les habitants de Donos. Il fit, en outre, sequestrer des chèvres de quelques-uns des habitants, pour répondre de la taille d'après un commandement de Delhom, huissier, de l'an 1677. Mais le seigneur de Donos en ayant été instruit, fit chasser honteusement les gens du séquestre, et rétablit les habitants dans leurs meubles et leur bétail (1).

Il rendit hommage au Roi pour la seigneurie de Donos et pour les fiefs de Rupaut, de Bédos et de Pénedès, entre les mains de M. de Massia, seigneur de Salelles, conseiller du Roi, en date du 23 août 1679 (2), et il vivait encore en 1681, d'après une requête du 29 juin de ladite année, et une assignation donnée par lui à Jean Guinet, du lieu de Coustouge, par-devant la cour du sénéchal de Limoux (3), à cause des droits seigneuriaux que les Consuls de Coustouge n'avaient point acquittés envers le seigneur de Donos. Gabriel de Martrin-Donos et Gabriel de Martrin d'Esperget, figurent dans le catalogue des gentilshommes du Languedoc, du diocèse de Narbonne, l'an 1675, à Montpellier. Le premier est porté dans M. de Larroque, armorial du Languedoc 1860, t. II, p. 268, comme de Martin, seigneur de Nos, ainsi que nous l'avons déjà dit dans nos notes sur saint Jean-François Régis.

FEMME : Angèle d'Autemar, fille de Raulin d'Authemar, seigneur de Vires et de Anne de Bosc; leur contrat de mariage fut passé le 27 juin 1667, par-devant Antoine Chopy, notaire de Narbonne (4). Son frère Joseph d'Authemar de Vires, fit, en sa faveur, cession et rémission de quelques-uns de ses droits, en date du 14 juin 1684 (5).

### ENFANTS :

I° Henri de Martrin-Donos qui suit :

II° Marie de Martrin-Donos, qui épousa, le 20 avril 1689, Marc-Antoine de Grave, seigneur d'Espalaïs, lequel fit une quittance définitive de la dot de sa femme, le 30 octobre 1698 (6). De ce mariage sont issus plusieurs enfants, entre autres Jean-

D'AUTHEMAR.
—
Ecartelé au 1 et 4 d'azur, à deux bandes d'or; aux 2 et 3 d'azur, à la bande d'argent accompagnée d'une fleur de lys d'or en chef, et d'une rose d'argent en pointe.

DE GRAVE.
—
D'azur, à trois fasces d'argent, ondées.

(De Laroque.)

(1, 2, 3, 4, 5, 6) Archives de la famille de Martrin-Donos.

François de Grave, seigneur d'Espalaïs, qui épousa Marie-Anne de Moulins; leur fils, Hyacinthe de Grave, épousa mademoiselle de Pierre de Bernis, duquel mariage sont issus tous les membres de la famille de Grave, habitant aujourd'hui les environs de Narbonne et de Limoges.

## XXVI.

HENRI DE MARTRIN-DONOS, écuyer, seigneur de Donos, sieur de Rupaut, de Poursan, de Saint-Estève, de Bédos, de Pénedès, etc., prêta serment de fidélité à Charles le Goux de la Berchère, Archevêque de Narbonne, pour le fief de Rupaut, situé à Donos, dans le terroir de Fontjoncouse, le 7 juin 1706 (1).

Il fit un accord avec le prieur de la paroisse de Lamourguié, à Narbonne, daté du 28 mai 1708 (2), d'après un extrait de l'inventaire des effets, titres et papiers qu'avait laissés Henri de Martrin-Donos, daté du 15 juin 1718; il était mort à cette époque (3).

DE BARRÈS.
—
D'argent, à trois barres de gueules.

FEMME : Marguerite de Barrès, fille de noble Antoine de Barrès, seigneur de Pouzolles, au diocèse de Béziers, et de Marie-Anne de Boide ou de Boyde; leur contrat de mariage fut passé le 2 mai 1693, par-devant Jean Romieu, notaire de Béziers, en présence du sieur de Barrès son père, de messire Bernard de Barrès, abbé de Saint-Nicolas, son grand-oncle, de noble Henri de Barrès, sieur de Paviran, frère de Marguerite, et de noble Thomas de Barrès, de Béziers, son cousin (4). Marguerite de Barrès testa le 10 janvier 1707, devant Antoine Maupel, notaire de Narbonne (5).

### ENFANTS :

I° Antoine de Martrin-Donos qui suit :

II° Jacques de Martrin-Donos, religieux Augustin à Narbonne, le 15 juillet 1720, d'après une quittance des révérends Pères religieux, par-devant Delrieu, notaire (6).

———————

(1, 2, 3, 4, 5, 6) Archives de la famille de Martrin-Donos

III° Marc-Antoine de Martrin-Donos, religieux Cordelier, à Montpellier (1).

IV° Marie-Anne de Martrin-Donos, qui fit un arrangement et convention avec sa sœur Marie de Martrin-Donos, veuve de Montagnac, en date du 22 octobre 1745 (2) ; elle testa le 1er juillet
1769. Le verbal d'ouverture et transaction de son testament
est en date du 22 janvier 1780 (3).

D'après une tradition de famille, Marie-Anne de Martrin-
Donos était d'une beauté remarquable.

V° Marie de Martrin-Donos, qui épousa Jacques de Montagnac,
seigneur d'Estanes, consul pour le Roi, à Lisbonne, en l'année
1728 (4), duquel mariage furent issus :

A. Marie-Gabrielle de Montagnac, qui épousa Paulin Cathala
de Roquefère (5).

B. Louis-Laurent-Joseph de Montagnac, qui fut colonel d'infanterie, et qui avait épousé Marie Boniol de Lacoste, dont il
n'eut pas d'enfants ; il habitait Nevers, où il testa en faveur de
Marc-Antoine de Martrin-Donos, fils de Guillaume, rapporté
plus bas (6).

## XXVII.

ANTOINE DE MARTRIN-DONOS, IIe du nom, écuyer, seigneur
de Donos, sieur de Rupaut, de Rupès-Bas, de Saint-Estève, de Poursan, etc., né le 5 février 1694 ; baptisé le 9 du même mois, dans la
paroisse de Saint-Just de la ville de Narbonne, rendit hommage à l'Archevêque de Narbonne, François de Beauveau, pour le fief de Rupaut,
le 23 février 1733 (7) ; il fit une convention avec ses sœurs, le 15
octobre 1745 (8).

FEMME : Marie-Thérèse de Soubleyras, fille de François de Sou-     DE SOUBLEYRAS.
bleyras, chevalier de Saint-Louis, major au Gouvernement de Narbonne, et de Simone de Léonard ; par contrat du 15 juillet 1724 (9).

_____

(1, 2, 3, 4, 5, 6, 7, 8, 9) Archives de la famille de Martrin-Donos.

Elle fit son testament olographe le 27 décembre 1741, dont il existe une expédition du 25 septembre 1755 ; elle institua son héritier, François de Martrin-Donos, son fils aîné (1).

### ENFANTS :

Iº François de Martrin-Donos, IIᵉ du nom, écuyer, mort à Versailles, ayant ( d'après une tradition de famille) une charge à la Cour ; sa mort remonte à l'an 1783, d'après une quittance du receveur des domaines du Roi, au bureau de Lésignan, faite à Guillaume de Martrin-Donos, à cause de la succession à lui échue de feu messire François de Martrin-Donos, son frère aîné, décédé *ab intestat* (2).

IIº Gabriel de Martrin-Donos, IIIᵉ du nom, fut pourvu d'une commission du Roi dans la milice de Carcassonne, en date du 25 juillet 1742 (3) ; il eut ensuite une commission de capitaine de la compagnie de Saint-André et Monstéret, dans la capitainerie des gardes-côtes de Narbonne, en date du 1ᵉʳ avril 1751 (4), enfin à la suite de divers arrangements faits entre frères, il céda ses droits sur la terre de Donos, à son frère Guillaume de Martrin-Donos, seigneur de Dernacuillette (5).

IIIº Marc-Antoine de Martrin-Donos, IIᵉ du nom, chevalier de Donos, était lieutenant au régiment de Champagne, compagnie de Beuvière, par brevet du 15 septembre 1743 (6). Il avait été reçu chevalier de l'ordre royal et militaire de Saint-Louis, après s'être distingué dans plusieurs affaires. Ayant reçu de nombreuses blessures à Wiessenbourg, le Roi lui envoya, à cette occasion, ses félicitations et lui accorda une pension honorable, par une ordonnance du 29 décembre 1744 (7)

A la bataille de Raucoux, entraîné par son bouillant courage, le chevalier de Donos fut cerné par un grand nombre d'ennemis qui s'acharnèrent sur sa personne ; mais sa redoutable épée lui ouvrit passage, et il put rejoindre ses compa-

---

(1, 2, 3, 4, 5, 6, 7) Archives de la famille de Martrin-Donos.

triotes qui le reçurent presque mourant, étant criblé de blessures ; le roi, en récompense de sa bravoure et de ses bons
services, lui accorda une nouvelle pension, par décision du
4 février 1747 (1).

Il obtint une commission de capitaine au régiment de
Champagne, le 9 août 1761, et fut ensuite commandant de la
compagnie de grenadiers, ainsi que nous l'apprend la suscrip-
tion d'une lettre qui lui était adressée à Paris et ainsi conçue.

« A Monsieur le chevalier de Donos, capitaine, commandant
» une compagnie de grenadiers, aux casernes Saint-Denis. »

Le 1er octobre 1763, le chevalier de Donos obtint un brevet
d'ayde-major, au régiment des recrues de Sens, de nouvel
établissement (2).

Il fit faire une expertise de la terre de Donos, et dans un
arrangement fait entre frères, le 28 octobre 1767, il céda ses
droits sur la terre de Donos, à son frère Guillaume de Martrin-
Donos, seigneur de Dernacuillette (3).

IV° Guillaume de Martrin-Donos qui suit :

V° Guillaume-Joseph de Martrin-Donos, appelé l'abbé de Donos,
était conducher à l'église de Saint-Paul de Narbonne ; il passa
une transaction avec son frère Guillaume, et lui céda ses droits
sur la terre de Donos, le 28 juin 1769 (4).

L'abbé de Donos était aveugle ; il mourut à Narbonne après
avoir atteint un âge avancé (5)

VI° Marie-Thérèse de Martrin-Donos, qui était religieuse au couvent
de Sainte-Marie, à Narbonne (6).

Par un accord entre frères, ils reconnurent et acquittèrent
les dettes laissées par Antoine de Martrin-Donos, Ier du nom,
et par son fils François de Martrin-Donos, d'après un acte du
8 février 1767 (7).

Un de leurs parents, M. de Martrin-d'Esplas, habitant le

---

(1, 2, 3) Archives de la famille de Martrin-Donos.
(4, 5) Arch. de la famille de Martrin-Donos. — Notes F.
(6, 7) Arch. de la famille de Martrin-Donos.

Pont–de-Camarès en Rouergue, écrivit une lettre datée du 15 août 1749, pour engager un des fils d'Antoine de Martrin-Donos à aller s'établir auprès de lui; mais aucun n'ayant répondu à ses offres, M. de Martrin mourut après avoir disposé de ses biens en dehors de sa famille (1).

## XXVIII.

GUILLAUME DE MARTRIN-DONOS, écuyer, seigneur de Dernacuillette, puis seigneur de Donos, sieur de Massac, de Rupaut, de Poursan, de Saint-Estève, etc.., par suite des transactions passées avec ses frères, réunit sur sa tête les terres et la seigneurie de Donos, pour laquelle il rendit hommage au roi Louis XVI, le 19 décembre 1776 (2).

Il reçut un legs de son oncle Jacques de Martrin-Donos, religieux à Narbonne, et mourut l'an 1800 et le 21 février (3).

Une vente fut consentie par Jean Bonnet, du lieu de Dernacuillette, en faveur de messire Guillaume de Martrin-Donos, seigneur de Dernacuillette, le 7 novembre 1784, par-devant Me Paul Siau, notaire royal de Tuchan, résidant à Félines (4). Le 25 octobre de la même année 1784, il avait reçu une quittance du receveur des domaines du Roi, à Lésignan, pour la succession de feu François de Martrin-Donos, son frère aîné, décédé *ab intestat* (5).

DE BOSC, DE DERNACUILLETTE.

—

D'or, à trois arbres de sinople; au chef d'azur, chargé d'un croissant d'argent accompagné de deux étoiles du même.

FEMME : Rose de Bosc de Dernacuillette, fille de Claude de Bosc, seigneur de Dernacuillette et de François de Cathala de Roquefère; leur contrat fut passé le 6 mars 1764, par-devant Antoine Cambriel, notaire de Tuchan, résidant à Félines (6). Rose de Bosc n'était âgée que de quatorze ans à l'époque de son mariage; les dispenses de bans accordées par Monseigneur Dillon, Archevêque de Narbonne, sont annexées au registre de Dernacuillette (7).

### ENFANTS :

Iº Marc-Antoine de Martrin-Donos qui suit :

IIº Etienne de Martrin-Donos, sieur de Massac, émigra en Espagne au commencement de la révolution française; son caractère gé-

(1, 2, 3, 4, 5, 6, 7) Archives de Martrin-Donos.

néreux et facile lui avait fait des amis parmi les honnêtes gens, et même parmi ceux qui servaient la République ; on lui offrit un emploi dans l'armée d'observation de Catalogne qu'il accepta, et il put, par ce moyen, ne pas être considéré comme émigré, et rentrer en France sans être inquiété ; s'étant ensuite retiré auprès de son père qui était toujours demeuré au château de Donos, il l'aida dans la gestion des biens, et après son mariage il alla fixer sa résidence à Souals, dans le département du Tarn, où il est mort le 6 mars 1850, âgé d'environ 80 ans. (D'après les registres de la paroisse de Dernacuillette, Etienne était né en 1770).

FEMME : Joséphine Ducup, fille de Jacques Ducup et de demoiselle Barthe de Labastide, de laquelle il eut plusieurs enfants, dont deux aujourd'hui vivants :

> A. Hippolyte de Martrin-Donos, ayant épousé Mathilde d'Auxillon, fille du marquis d'Auxillon et de Marie-Pauline de Pins, duquel mariage sont issues deux filles :
>
>> a. Marthe de Martrin-Donos.
>>
>> b. Marie de Martrin-Donos.
>
> Hippolyte de Martrin-Donos et sa famille, habitent le château de Mary, près Puylaurens (Tarn).
>
> B. Elisa de Martrin-Donos, ayant épousé Xavier Périé, dont postérité.

IIIo Louis de Martrin-Donos, appelé le chevalier de Donos, né le 7 et baptisé le 9 mars 1772, dans la paroisse de Saint-Jacques de Dernacuillette, au diocèse de Narbonne, dans les hautes Corbières, où il passa les mauvais temps de la révolution ; après la mort de son père et de sa mère, il fixa sa résidence à Donos, mais ayant ensuite cédé ses droits sur la terre de Donos à son beau-frère, il se retira à Narbonne où il est mort non marié, le 13 avril 1842 (1).

DUCUP.

—

D'azur, à la cotice d'argent, accompagnée de trois étoiles du même.

---

(1) Archives de Martrin-Donos. — Registre de l'Eglise de Dernacuillette.

IV° Auguste de Martrin-Donos, dont l'article et la descendance sont rapportés à la généalogie de la branche de Martrin-d'Esplas, en Albigeois, dont il continue la lignée; il habite, avec sa famille, à Valence d'Albigeois.

V° Paulin de Martrin-Donos, sieur de Saint-Estève-de-Donos, né en l'année 1782, fut baptisé le 24 mai de la même année, dans la paroisse de Saint-Jacques de Dernacuillette, au diocèse de Narbonne, dans les hautes Corbières (1). Il habite, avec sa famille, le domaine de Saint-Estève, sur la terre de Donos.

FEMME : Louise-Elisabeth de Nègre, de Villetritouls, par contrat du 23 septembre 1830, de ce mariage :

A. Henriette de Martrin-Donos, née le 12 mars 1833, mariée le 6 mai 1857, avec Joseph-Henri de la Chapelle, ayant de ce mariage :

    *a.* Louise de Martrin-Donos.

    *b.* Frédéric de Martrin-Donos.

B. Martial de Martrin-Donos, né le 30 octobre 1834, ayant épousé le 30 août 1858, Marie-Alexandrine-Louise de Martrin-Donos, morte le 11 juillet 1861, de ce mariage :

    *a.* Mathilde de Martrin-Donos.

VI° Henriette de Martrin-Donos, mariée à Alexandre Laffont, duquel mariage sont issus :

A. Frédéric Laffont.

B. Pauline Laffont ayant épousé Isidore Bessières de Raméjan, duquel mariage une fille, Louise de Raméjan, ayant épousé le vicomte François de Chefdebien d'Armissan, duquel mariage :

    *a.*

    *b.*

Louise de Raméjan, vicomtesse de Chefdebien, a fait ces-

----

(1) Archives de Martrin-Donos. — Registre de l'Eglise de Dernacuillette.

sion et rémission de ses droits sur le château et sur la terre de Donos, à son oncle Victor de Martrin-Donos ci-après, par acte du 16 septembre 1859, par-devant Bories, notaire de Narbonne.

Henriette de Martrin–Donos, est morte en 1852.

VII° Rose-Christine-Marie de Martrin-Donos, née à Donos, le 24 novembre 1789, d'après un titre du 21 brumaire an x de la République ; elle a épousé Saint–Sauveur Perié, de Nébrouse, mort à Castres, le 20 mars 1860, à l'âge de 76 ans, ne laissant point de postérité.

Un partage de la terre de Donos eut lieu entre frères et sœurs, l'an x de la République française (1).

## XXIX.

MARC–ANTOINE DE MARTRIN–DONOS, III° du nom, écuyer, né le 19 novembre 1767, baptisé le surlendemain dans l'église paroissiale de Dernacuillette, au diocèse de Narbonne (2), obtint un certificat de M. Chérin, généalogiste des ordres du Roi, constatant la noblesse requise pour être nommé officier dans les troupes de Sa Majesté, du 8 novembre 1788 (3) ; il émigra en Espagne, dès le commencement de la révolution française, mais les troubles paraissant s'apaiser, il rentra en France et dans le sein de sa famille. Toutefois, les persécutions l'ayant obligé de partir de nouveau, d'après les conseils de ses nombreux amis, il accepta un emploi dans l'armée d'observation de Catalogne ; ce qui lui valut de ne pas être compris dans la liste des émigrés.

En 1808, les personnes influentes de Narbonne le désignèrent pour commander la garde d'honneur de l'arrondissement ; à l'époque de la Restauration de nos rois sur le trône de France, Marc–Antoine de Martrin-Donos marchait à la tête des plus dévoués à la famille des Bourbons, et en 1816, le suffrage de ses concitoyens l'appela au commandement des volontaires royaux à cheval de l'arrondissement de Narbonne.

---

(1, 2, 5) Archives de la famille de Martrin-Donos.

Plus tard, un haut grade lui fut offert dans les troupes de Sa Majesté Louis XVIII ; mais les soins qu'exigeait sa nombreuse famille, ne lui permirent point d'accepter ces offres honorables.

Marc-Antoine de Martrin-Donos, ayant cédé ses droits à ses frères et sœurs, sur la terre de Donos, dont cependant il était héritier de la moitié, fixa sa résidence à Narbonne, où il a exercé les fonctions de lieutenant de louveterie pour le département de l'Aude avec la plus grande distinction, depuis le 17 prairial an XIII, jusqu'à sa mort, qui eut lieu à Narbonne, le 21 septembre 1849. Il était âgé de quatre-vingt-deux ans (1).

DE GROS
D'HOMPS.
—
D'or, au lion rampant de gueules, accompagné en chef d'un vol déployé de sable.

FEMME : Marie-Magdeleine-Joséphine de Gros d'Homps, fille de Pierre-Paul-Serge de Gros, seigneur d'Homps et de la Lécune, et de Marie-Thérèse de Castan, par contrat du 9 mai 1791, passé par-devant Birat, notaire de Narbonne, et enregistré le 17 mai 1791 (2).

Joséphine de Gros d'Homps, est née le 1er décembre 1774, et habite aujourd'hui Narbonne, étant âgée de 88 ans, douée de qualités supérieures qui ne ne l'ont point abandonnée ; elle réunit tous les ans, autour d'elle, sa nombreuse famille, dont l'affection et le respect concourent à lui adoucir les maux inhérents à notre pauvre nature, et inséparables de ceux qui ont atteint un âge avancé.

## ENFANTS :

Iº  Antoine-Guillaume-Eugène de Martrin-Donos qui suit :

IIº  Eugénie de Martrin-Donos, née le 19 avril 1796, morte le 23 novembre 1798.

IIIº  Félicie de Martrin-Donos, née le 19 octobre 1798, morté le 3 septembre 1802.

D'IMBERT
DE CORNEILLAN.
—
Parti : au 1, d'or au lion de gueules ; au 3, d'or au belier passant au naturel sur une terrasse de sinople en pointe, au chef d'argent, qui sont d'Imbert ; au 2, d'or à trois corneilles de sable, qui est de Corneillan ; au 4, de gueules à la croix d'or treflée, q ti est de Vernède.

IVº  Julien-Victor de Martrin-Donos, garde du corps du roi Charles X, par ordonnance royale du 24 novembre 1824, jusqu'au 29 avril 1829, époque à laquelle, ayant donné sa démission, il rentra dans sa famille (3). Il épousa, le 19 novembre 1840, Denise-Caroline-Fœdora d'Imbert de Corneillan, fille de Michel,

---

(1, 2, 3) Archives de la famille de Martrin-Donos.

vicomte d'Imbert de Corneillan et d'Augustine de Boyer de Tauriac (1); ils n'ont point d'enfants et habitent le château de Saint-Urcisse, dans le département du Tarn.

V° Gabrielle-Albine de Martrin-Donos, née le 22 septembre 1802, à Narbonne, épousa par contrat du 23 octobre 1821, Dominique-Sauveur-Louis de Poumayrac-Rieuvergnet, mort à la Cabarède (Tarn), le 18 mai 1854. De ce mariage sont issus deux enfants :

A. Louis de Poumayrac-Rieuvergnet, ayant épousé Valentine de Vesins, fille de Paulin, comte de Vesins, et d'Henriette-Charlotte de Lastic Saint-Jal.

B. Alfred de Poumayrac-Rieuvergnet, ayant épousé sa cousine Léonie de Poumayrac-Masredon, fille de Charles de Poumayrac-Masredon et de Pauline de Laur.

Albine de Martrin-Donos et ses enfants habitent la Cabarède, dans le département du Tarn.

VI° Alphonse de Martrin-Donos, né le 19 octobre 1804; mort le 5 septembre 1807.

VII° Henri-Ernest de Martrin-Donos, né le 1er mars 1806, élevé au Collége de La Flèche, il entra à Saint-Cyr, d'où il sortit sous-lieutenant dans le 41me régiment de ligne; il donna sa démission en 1830, et épousa le 11 mai de la même année, Justine-Octavie Guiraud, fille d'Alexandre Guiraud et de demoiselle Fabre de Massaguel, laquelle mourut le 24 octobre 1847, laissant plusieurs enfants ci-dessous nommés.

Ernest de Martrin-Donos, épousa en secondes noces, le 25 février 1849, Henriette Foäche, fille du baron Foäche.

ENFANTS du premier mariage :

A. Alix de Martrin-Donos, ayant épousé Stanislas Foäche,

---

(1) Archives de la famille de Martrin-Donos.

fils du baron Foäche et frère d'Henriette : de ce mariage sont issus trois enfants.

  *a.*

  *b.*

  *c.*

 ʙ. Octave de Martrin-Donos.

 ᴄ. Léonie de Martrin-Donos, ayant épousé Adrien Leps , aujourd'hui capitaine dans un régiment de chasseurs : de ce mariage deux enfants.

  *a.*

  *b.*

 ᴅ. Alphonse de Martrin-Donos , aujourd'hui sous-lieutenant au 2ᵐᵉ régiment de hussards.

 ᴇ. Julien de Martrin-Donos.

 Ernest de Martrin-Donos habite, avec sa famille, le château des Bruyères, près Moularès (Tarn).

VIIIᵒ Christine-Constance de Martrin-Donos , née le 11 juin 1807, ayant épousé , par contrat du 22 septembre 1831 , par-devant Birat , notaire de Narbonne, Henri de Poumayrac, chevalier de la Légion d'honneur, juge au Tribunal de première instance de Toulouse , et frère de Dominique-Sauveur-Louis de Poumayrac-Rieuvergnet : de ce mariage , une fille.

 Berthe de Poumayrac , ayant épousé Alban de Fabri de Berty ; de ce mariage , un fils.

 Ludovic de Berty.

IXᵒ Louis-Gustave de Martrin-Donos , né le 27 août 1817, ancien élève de l'école de La Flèche , président du comice agricole de l'arrondissement de Narbonne , habite, avec sa famille, le château de Lebrettes , près Narbonne (1) ; il a épousé

---

(1) Voir aux notes G.

Marie-Thérèse d'Audéric, fille du vicomte François d'Audéric, ancien Préfet sous la Restauration, et de Joséphine de Brunet de Villeneuve, par contrat du 22 février 1848, par-devant Birat, notaire de Narbonne : de ce mariage sont issus plusieurs enfants.

D'AUDÉRIC.
—
Ecartelé : au 1 e
4, d'argent à l'arbre
de sinople, soute-
naut un lion appuyé
de sable, au che
d'azur chargé de
trois étoiles d'or
au 2 et 3, d'azur a
château à trois tour
au lambel d'argent
(Marquis d'Aubai
11. 39).

A. Antoine-Marie-Joseph de Martrin-Donos, né le 12 avril 1849.

B. Caroline-Joséphine-Marie de Martrin-Donos, née le 23 août 1850.

C. Eugénie-Marie-Thérèse-Gabrielle de Martrin-Donos, née le 24 décembre 1851.

D. Léon-Marie-Amédée de Martrin-Donos, né le 21 octobre 1853.

E. Marie-Thérèse-Caroline de Martrin-Donos, née le 16 août 1855.

F. Louis-Marie-Charles de Martrin-Donos, né le 9 novembre 1857.

G. Marie-Victorine-Jeanne de Martrin-Donos, née le 25 novembre 1859.

H. Armand      de Martrin-Donos, né le      février 1863.

## XXX.

ANTOINE-GUILLAUME-EUGÈNE DE MARTRIN-DONOS, né le 21 février 1794, à Donos, diocèse de Narbonne, fut reçu à l'école militaire de Saint-Cyr par un décret de l'an 1811, transmis par Son Excellence le Duc de Feltre, ministre de la guerre, le 14 mars 1812 (2). Sa santé, devenue mauvaise, ne lui ayant pas permis de poursuivre la carrière militaire, il obtint sa radiation des contrôles de l'école de Saint-Cyr, le 21 septembre 1812 (3). Au mois de mars 1815, sa santé s'étant rétablie, il fut reçu dans la compagnie des Mousquetaires gris de Sa

---

(1, 2, 3) Arch. de la famille de Martrin-Donos.

Majesté Louis XVIII ; il fut du nombre des volontaires royaux à cheval de l'arrondissement de Narbonne, qui allèrent à la Drôme, offrir leurs services et leur vie à la cause des Bourbons (1).

Les cent jours amenèrent des persécutions qui l'obligèrent à se réfugier dans les hautes Corbières jusqu'au moment où le retour, si désiré par la France, de la famille des Bourbons ramena le calme et le bonheur au sein de toutes les familles, et Eugène de Martrin-Donos rentra dans la maison paternelle (2).

FEMME : Marie-Mathilde-Elisabeth d'Esquieu, fille d'Alexandre d'Esquieu, ancien officier d'infanterie, et de Jacquette Tapié ; leur mariage fut célébré à Ginestas, diocèse de Narbonne, le 25 novembre 1822 ; contrat passé par-devant M° Nicolas Birat, notaire de Narbonne (3).

ENFANTS :

I° Evelina de Martrin-Donos, morte en bas âge.

II° Charles de Martrin-Donos, mort en bas âge.

III° Ernest de Martrin-Donos, mort en bas âge.

IV° Marie-Alexandrine-Louise de Martrin-Donos, ayant épousé, le 30 août 1858, son cousin Martial de Martrin-Donos, morte le 11 juillet 1861, laissant une fille :

Mathilde de Martrin-Donos.

V° Gabriel-Victor de Martrin-Donos,

_____

(1, 2, 3) Arch. de la famille de Martrin-Donos.

# NOTES.

—

## NOTE A.

« Nous avons dit que tous les biens de la religion étaient administrés par
» des religieux comptables ( précepteurs ) qui , après avoir pris ce qui était
» nécessaire pour leur subsistance, devaient faire payer le reste au chef
» d'ordre et au trésor de la religion............
» ..... Et parce que dans les obédiences et les commissions qui furent
» depuis données aux chevaliers chargés de cette administration, on se servit
» de cette expression : nous vous *recommandons* les biens , etc. , *commen-*
» *damus ,* cette administration particulière de chaque maison prit le nom
» de *commendataria ,* d'où est venu le nom de *commanderie* et le titre de
» *commandeur.*
» Cependant ce titre n'était pas alors à vie ; il était amovible et fut *subs-*
» *titué* à celui de *précepteur* dont on s'était servi jusqu'alors. »

(*Hist. de l'ordre de Malte ,* liv. iii , pag. 503 et 504 , vol. 1er , par
M. l'abbé de Vertot.

## NOTE B.

Malgré nos nombreuses et minutieuses recherches , nous n'avons pu découvrir le lien immédiat qui joint la famille de Régis à la famille de Martrin ;
néanmoins la parenté est si évidente , qu'il nous suffit de mettre ici en
regard, un historique succinct de la famille de Martrin-d'Esplas, et quelques
passages des historiens de saint Jean-François Régis, pour qu'on soit frappé
de leur concordance, et en même temps hors de doute sur cette parenté.

L'ancienne et noble famille de Martrin-d'Esplas (jadis de Plas, de Plos ,
des Plots. — De Barrau, *Hist. du Rouergue*), était originaire du lieu de
Martrin en Rouergue ; elle se divisa d'abord en deux branches représentées :
l'aînée, par les seigneurs d'Esplas qui avaient pour résidence le château

d'Esplas en Rouergue; et la cadette, par Jean de Martrin d'Esplas, seigneur de Ferrayrolles, qui épousa, en 1534, Claire de Bédos, et se fixa au lieu d'Ouveillan, au diocèse de Narbonne, où il fonda la branche du Languedoc, substituée plus tard à la famille de Donos, et connue sous le nom de Martrin-Donos, habitant le château de Donos, dans les Corbières.

Les armes des Martrin-d'Esplas sont *un aigle aux ailes déployées et couronné;* les émaux et les couleurs de ces armoiries ont subi les changements dictés par le caprice des diverses branches qui voulaient se distinguer entre elles; ainsi, les seigneurs d'Esplas et ceux du Languedoc portaient: *d'or, à l'aigle couronné de gueules;* un rameau établi au Pont-de-Camarès, portait: *de gueules, à l'aigle couronné d'argent.* La branche de l'Albigeois portait: *de gueules à l'aigle couronné d'or* (celles des Régis sont les mêmes), et enfin, la branche d'Auvergne avait pour armes: *d'azur à l'aigle couronné d'or.*

(Extrait des archives de la famille de Martrin.)

« Il y a plus de deux cents ans que la maison d'Esplas se partagea en deux
» branches; celle des aînés resta dans le Rouergue, lieu de son origine, et
» où se trouvaient les principaux biens de la famille; celle des cadets s'éta-
» blit en Languedoc, et y fonda la maison de Régis . . . . . . Saint Jean-Fran-
» çois Régis naquit à Foutcouverte, dans les Corbières » . . . . .

(Vie de saint Jean-François Régis, par le P. d'Aubenton.)

« Les *Régis,* branche cadette de la famille de Plas (et plus tard d'Esplas),
» l'une des plus nobles et des plus anciennes du Rouergue, étaient trans-
» plantés en Languedoc, depuis la fin du XIV<sup>e</sup> siècle . . . . Vers le milieu du
» XVI<sup>e</sup> siècle, nous trouvons des Régis établis à Fontcouverte . . . . .

» Les Régis portaient: *de gueules à l'aigle éployé et couronné d'or,*
» *cantonné de trois trèfles du même* . . . . .

» Dans une lettre de Jean-François de Régis à ses frères et belles-sœurs,
» datée de Tournon, du 9 février 1623, conservée à la Louvesc, il termine
» ainsi: *Je vous supplierai de présenter mes très-humbles recommandations*
» *à monsieur mon oncle, à mademoiselle ma tante, à M. de la Prade, à*
» *M. Denos et autres parents . . .*

» Votre cher frère en Notre-Seigneur,

» Jean-François RÉGIS. »

Hist. de saint Jean-François de Régis, de la Compagnie de Jésus,<br>
Par J. M. S. Daurignac, 1862.

Ce dernier et consciencieux historien ajoute en note : « Peut-être était-ce
» Antoine de Martrin, seigneur de Donos, dont la parenté avec les Régis
» est prouvée par son blason : *écartelé au 1 et 4 d'or à l'aigle couronné*
» *de gueules*..... Les Martrin étaient aussi une branche de la maison
» d'Esplas..... »

Ainsi, d'après M. Daurignac, les Martrin et les Régis sont des branches
de la maison d'Esplas ; leur parenté est aussi prouvée par leurs blasons, et
s'il y a comme un doute sur le nom de Donos, il est facile de le lever en
montrant combien ces erreurs de noms étaient faciles ; ainsi *Gabriel de
Martrin, seigneur de Donos*, qui figure sur la liste des gentilshommes du
Languedoc, publiée dans *l'armorial du Languedoc*, par M. de Laroque,
tom. II, pag. 268, est porté sous les noms de *Gabriel de Martrin, seigneur
de Nos*. Or, puisque un auteur généalogiste peut reproduire de pareilles
fautes, à plus forte raison doivent-elles se glisser dans les documents re-
cueillis par un simple historien, étranger souvent aux études généalogiques.

Pour nous résumer touchant les documents ci-dessus cités et sur la
parenté des Martrin et des Régis, nous dirons :

1° Même origine. — Le Rouergue, la maison d'Esplas.

2° Mêmes armes. — Un aigle aux ailes déployées et couronné.

3° Donos reconnu parent par Jean-François Régis. — Denos est pour
Donos.

4° Enfin, comme présomption, nous ajouterons que Fontcouverte et
Donos se trouvent dans les Corbières, et que plusieurs familles de cette
contrée, notamment les Mage, les d'Abban, les de Cuquignan, etc., étaient
alliées aux familles de Martrin et de Régis.

## NOTE C.

### « *Le Révérend Père abbé de la Trappe de Staouëli.* »

« Tout le monde a entendu parler de l'établissement des Trappistes en
» Afrique, à Staouëli, sur l'emplacement même qui fut témoin de notre
» première victoire en Algérie.....

» Le Révérend Père abbé de Martrin, en religion Père François-Régis,

» fondateur de l'établissement et qui le dirige encore, y a usé sa santé
» dans les austérités de la pénitence, les durs travaux des défrichements,
» et les pénibles soucis de la direction de sa colonie naissante. Dieu le sou-
» tient, et, nous l'espérons, le soutiendra longtemps encore ; mais quel
» courage surhumain, quel développement de facultés il lui a fallu pour
» arriver, de notre temps, à des résultats aussi merveilleux ! Il n'en faut pas
» autant pour illustrer un homme et rendre son nom célèbre. Ce n'est pas
» là ce que cherche l'humble religieux ; mais il n'en est pas moins une des
» gloires du midi qui l'a vu naître. Nous ne parlons pas de ses vertus, elles
» sont connues depuis longtemps, et nous qui avons eu le bonheur de vivre
» plusieurs jours avec lui, nous avons vu l'exemple d'une perfection que
» nous avions cru exagérée, même en lisant la vie des Saints.

» Quittant de nouveau la France, où les affaires de sa communauté l'ap-
» pelaient, et retournant à son cher monastère, il vient de passer une semaine
» dans le département du Tarn, et c'est le village de Viviès, près Castres,
» qui a eu l'insigne honneur de sa présence bénie..... Mais le dimanche
» 12 octobre a été spécialement, pour le village de Viviès, un de ces beaux
» jours qui marquent dans la vie d'une population. On savait que le révérend
» Père devait officier abbatialement ; la foule était accourue de toutes parts,
» et s'était rangée en procession pour aller au-devant de lui avec le dais de
» la paroisse. Le carillon sonnait comme aux plus grands jours de fête, et,
» en effet, c'était une bien grande fête pour cette population honnête et
» religieuse ; tous les fronts s'inclinaient devant la robe blanche et sous la
» bénédiction pastorale du révérend Abbé, et tous les yeux étaient près de
» répandre des larmes à la vue des honneurs rendus à Dieu en la personne
» de ses plus humbles serviteurs.

» Avec quelle religieuse attention fut écoutée sa parole, quand il expliqua
» à ses auditeurs ce que c'est qu'un Trappiste..... Nous n'insisterons pas
» sur tout son discours, mais le révérend Père pouvait d'autant mieux
» prêcher la résignation, que lui-même en ce moment-là, cachait de cruelles
» souffrances pour accomplir jusqu'au bout les cérémonies de cette belle
» journée. Heureux village ! heureux habitants de Viviès ! puissent tous ceux
» qui vous aiment, puissent les pieux pasteurs qui vous dirigent, s'aperce-
» voir ce jour a été un jour de bénédiction, qui vous aidera à traverser
» les épreuves du présent et celles de l'avenir ; puissiez-vous vous en aper-
» cevoir vous-mêmes. Pour nous qui avons vu le révérend Père de plus près

» encore, son départ qui eut lieu le lendemain nous coûta autant de larmes
» que le départ d'un père, d'un frère ou d'un ami d'enfance ; ce n'est pas
» lui qui semble s'être exilé de nous, c'est nous qui semblons exilés de lui,
» et il emporte avec les sentiments de notre vénération, une bonne part de
» nos cœurs à tous.

« Armand FLOCH,

» Viviès, près Castres, le 16 octobre 1851. »

*(Extrait du Journal le Castrais, du 19 octobre 1851.)*

## Note D.

*Diplôme donné par le roi Charles le Chauve, à la prière d'Humfrid, marquis de Gothie, en faveur d'un de ses vassaux nommé Gomezinde, l'an 859.*

In nomine sanctæ et individuæ Trinitatis, Karolus gratia Dei rex. Regalis celsitudinis mos est, fideles regni sui donis multiplicibus et honoribus ingentibus honorare sublimesque efficere. Proinde ergo morem parentum, regum videlicet prædecessorum nostrorum, sequentes libuit celsitudini nostræ quemdam fidelem nostrum nomine Gomesindum, ad deprecationem Humfridi carissimi nobilis comitis atque marchionis, de quibusdam rebus nostræ proprietatis honorare atque sublimare : quæres sunt sitæ in pago Narbonense, hoc est villare quod dicitur Donnas, cum omnibus appendiciis suis, et in eodem pago alterum villare quod vocatur Catordinos, similiter cum omni sua proprietate ; et in eodem pago dari jussimus beneficium nostrum ad proprium, quod retinebat genitor ejus Gomesindus, et fratres ejus Adefonsus. Per nostrum beneficium ad jus proprium abendas concedimus ; et insuper quidquid in nostra provincia adquirere potueris, vel quod tu antea retinebas, plenaque integritate totum et ad integrum vel inexquisitum prædicto fideli regni nostri, nomine Gomesindo, ad proprium concedimus, et de jure nostro in jus et dominationem illius transferrimus. Unde hoc altitudinis nostræ præceptum fieri, et memorato fideli nostro dari jussimus, per quod prænominatas res atque villares, cum omnium rerum ad se pertinentium summa integritate, illi æternaliter ad jus proprium habendas concedimus, et tu, et filii tui, et posteritas tua : eo videlicet modo, ut quicquid idem fidelis noster jam dictus Gomesindus, ex prædictis rebus pro sua utilitate ac commoditate facere decreverit, liberrimo in omnibus potiatur arbitrio faciendi, sicut ex reliquis rebus suæ proprietatis; ut nullus comes, nec nullus quilibet homo, post nomine regiæ potestatis, vel dominorum, prendere nec usurpare non præsumat, de res fideli nostro Gomesindo, nec de filios, nec de posteritate sua, nec in placitum distringere faciat nec ante nos aut posteritate nostra, nec nullum servitium nunquam impendant. Ut autem hæc nostræ auctoritatis largitio majorem, in Dei nomine, per supervenientia tempora obtineat vigorem, manus propria subter eam firmavimus et anuli nostri impressione jussimus sigillari. Signum Karoli gloriosissimi regis, Folchricus diaconus ad vicem Hludovici recognovit. Data pridie kal. julii, indictione VII, anno XX, regnante Karolo gloriosissimo rege. Actum Actiniaco palatio regio, in Dei nomine feliciter. Amen (1).

## NOTE E.

*Charte du roi Charles le Simple, en faveur d'un de ses vassaux appelé Etienne, l'an 899.*

In nomine sanctæ et individuæ Trinitatis, Karolus divina propitiante clementia Rex. Regiæ celtitudinis est, fideles regni sui donis multiplicibus et honoribus ingentibus honorare, sublimesque efficere. Proinde ergo nos morem parentum nostrorum, et cæterorum regum prædecessorum nostrorum imitabilem exequentes actionem, placuit celsitudini nostræ, interveniente venerabili genitrice nostro Adheleidi, ad deprecationemque venerandi Archiepiscopi sanctæ Narbonensi Ecclesiæ Arnusti, cuidam fideli nostro nomine Stephano quasdam res in jure proprietatis suæ largire, et nostra liberalitate in alodem perpetualiter habendum concedere. Quæ siquidem res sunt sitæ in pago Narbonensi; hoc est villare quod dicitur Donas, cum omnibus suis appendiciis, et Ecclesia Sancti Pauli, ibidem sitæ, et in eodem pago de Villa Liciniano, eum finibus, et adjacentiis, ac villaribus ab omni integritate quartam partem, una cum Ecclesiis ibidem sitis in honore Sancti Nazarii et Sancti Felicis; et in eodem pago villa Manazeto quam vocant Caput-monte, eum finibus et adjacentiis suis, et Ecclesia Sancti Juliani; et in eodem pago

---

(1) Extrait de l'Histoire du Languedoc, par Dom Vaissette, qui dit l'avoir copié sur l'original qui est au pouvoir du chef de la famille de Martrin-Donos. — Dumège, Preuves.

in villa Plumbiaco Salinas quas parentes ipsius ibidem tenuerunt; et in
eodem pago alium villare quod dicitur Montes Auriolo cum omnibus adjacentiis suis; et in eodem pago villa Morarius, quæ vocant Rexaco, cum omnibus finibus et adjacentiis suis, et Ecclesia Sancti Bartholomæi, in ipso
pago in villa quæ dicitur Ederas, vel quantecumque infra suum terminum
visus est possidere; in eodem pago in villa quæ dicitur Berizam et in villare
quod dicitur Prato, omne quidquid ibidem retinet; et in eodem pago in
suburbio Minerbense, villa quæ dicitur Fellinas, quantum ibi retinet ex
comparatione; et in comitatu Russiolonensi villa Tordarias cum suis villaribus
et finibus atque adjacentiis earum, et Ecclesia Sancti Martini ibidem sita, et
in terra S. Petri, et in villa Ulmis, et in villa Lauresono quantum ibidem
retinet; et in eodem pago villare quod dicitur Palatiolo cum finibus et adjacentiis suis, et infra terminum Villæ Helnæ, quantum ex comparatione retinet; et in eodem pago villa Peciliano cum suis villaribus finibus et adjacentiis, et Ecclesia Sancti Saturnini et S. Felicis, vel quæcumque ibidet
retinet ex comparatione; et villa quæ dicitur Verneto cum finibus et adjacentiis suis, et Ecclesia S. Christophori; et in eodem pago villa quæ dicitur
Codincus cum omnibus adjacentiis suis, et Ecclesia ibidem sita; et in eodem
pago villa quæ dicitur Tezano, cum suis villaribus, id est Anglares et Salellas
cum finibus et adjacentiis earum, et Ecclesia S. Petri; et in eodem pago
villare quod dicitur Lotas, cum omni integritate; et in eodem pago Fron-
totedeso, villare quod dicitur Centernaco cum omni integritate; et in comitatu Empuritanense villa Uliastrato cum villaribus, Velloso castellare cum
omnibus finibus suis, et Ecclesiis S. Petri et S. Johannis, et in eodem
pago villare quod dicitur Cadinus, et vocatur Cabannas, cnm finibus suis,
et ecclesiis ab omni integritate; et in comitatu Bisuldunense villa quæ
dicitur Romagnano cum suis finibus et adjacentiis suis, et Ecclesia ibidem
sita, in honore S. Amaterii; et in comitatu Narbonense villa quæ dicitur
Tecanello, cum omnibus finibus et adjacentiis suis. In his ergo pagis et
territoriis omnibus quæ supra scripta sunt, vel quæ ad hæc pertinenda quæ
præfatus Stephauus, vel uxor ejus Anna, per strumenta emptionis adqui-
sierunt, aut quæ deinceps obtinere potuerint, per nostræ donationis seu
confirmationis præceptum memorato Stephano, perpetua firmitate possi-
denda concedimus, per quod præcipientes jubemus, ut absque alicujus
inquietudine vel contradictione teneat, habeat, vel quidquid ex inde agere
voluerit liberam in omnibus habeat potestatem faciendi. Et ut hæc nostræ
largitionis seu confirmationis præceptio nostris futurisque temporibus me-

liorem in Dei nomine obtineat soliditate vigorem, manu propria subter eam firmavimus, et anuli nostri impressione sigillari jussimus. Signum Karoli gloriosissimi regis, Herivem notarius ad vicem Folconis recognovit. Datum xviii calendas julii, indictione ii. anno vii, rege serenissimo Karolo. Actum apud Turnum, in Dei nomine feliciter. Amen (1).

## Note F.

Les traditions ne nous transmettent pas toujours des actes ou des faits sérieux; il en est quelquefois certaines empreintes d'un peu de futilité; mais elles n'en sont pas moins un souvenir de famille qu'il est bon de conserver, et c'est à ce titre que nous rapportons ici un petit trait familier concernant l'abbé de Donos.

Nous avons dit qu'il était aveugle; il savourait cependant assez bien le bon vin, et comme il était d'usage (à son grand déplaisir) d'y mêler de l'eau, il avait fait la leçon à son domestique, de manière à ce qu'il lui servait d'abord le vin et puis l'eau; l'abbé de Donos tendait son verre assez complaisamment et assez longtemps quand le vin lui était servi, et le relevait promptement lorsqu'on lui servait l'eau, ce qui égayait beaucoup ses frères et plus particulièrement ses neveux; mais ceux-ci donnèrent un jour une commission au domestique de leur oncle, pendant le repas, de façon qu'un autre (ayant le mot d'ordre) dut le remplacer. Au lieu de verser le vin le premier, ce fut l'eau au contraire, et l'abbé de Donos de laisser couler le plus longtemps possible; quand on servit le vin, le verre s'éleva si rapidement qu'il heurta le goulot de la bouteille. Des rires sous cape se virent sur maintes physionomies, mais ce fut des éclats lorsqu'on vit la grimace que fit l'abbé de Donos après qu'il eut vidé son verre.

A la seconde fois, le domestique versa le vin le premier, et l'abbé, pour ne pas retomber dans la même méprise, releva brusquement le verre, et il allait, sans nul doute, éprouver un nouveau mécompte et égayer de plus en plus ces jeunes gens, lorsque sa belle-sœur lui avoua la supercherie de ses neveux qu'il accepta très-gaîment.

---

(1) Extrait de l'Histoire du Languedoc, par Dom Vaissette, qui l'a tiré des archives de l'Eglise de Narbonne. — Dumège.

## Note G.

L'origine du château de Lebrettes, près Narbonne, remonte au 14ᵐᵉ siècle ; on voit encore la tour principale qui est de forme octogone, surmontée d'une guérite en pierre ; elle renferme un escalier en belle pierre de taille , contourné en limaçon ; contre la tour il existe encore une construction qui faisait partie, en 1305 , d'un monastère connu sous le nom *de Sainte-Marie de Lapidet*. Les vicomtes de Narbonne avaient donné la jouissance de ce monastère à de pieux Religieux, jusqu'au décès du dernier d'entre eux.

Dès que le vicomte de Narbonne fut rentré dans la jouissance de ce monastère , il fit élever sur son emplacement le château *des Lebrettes* (aujourd'hui Lebrettes) , et le donna en fief, laissant au seigneur le droit d'exercer la justice haute, moyenne et basse.

La vicomté de Narbonne ayant été réunie à la couronne, en 1507, le château de Lebrettes devint, par suite de cette réunion, une dépendance du roi de France.

En 1585-1592, il était la résidence de Guillaume de Joyeuse, maréchal de France, lieutenant général au Gouvernement de Languedoc ; d'après une tradition, il aurait été, pour le maréchal, un lieu d'exil par suite de la jalousie de ses ennemis ; et l'on rapporte à cette tradition, l'exergue suivant qu'on lit encore sur un cartouche au-dessus de la porte de la tour.

*Invidia fortitudine superatur.*

Le cardinal de Joyeuse son fils, d'abord archevêque de Toulouse , puis de Narbonne , et enfin cardinal-archevêque de Rouen, ne dédaigna pas d'y passer une partie de l'année 1614. Enfin, d'après les archives de la famille de Martrin-Donos, la terre et la seigneurie de Lebrettes, ont été jouies ou possédées jusqu'à nos jours , par ceux dont les noms suivent :

| | |
|---|---|
| Pierre de Lort, dit lou Razaire................... | 1441 |
| Jean de Lort , dit Razaire...................... | 1472 |
| Martin de Lort de Sérignan.................... | 1552 |
| Guillaume de Lort de Sérignan................. | 1616 |
| Fulcrand d'Allemand . époux de Claire de Lort de Sérignan, fille de Guillaume................... | |

Antoine de La Fare, marquis de La Fare, époux de
    Gracie d'Allemand, fille de Fulcrand..............
François de La Fare, marquis de La Fare, fils d'Antoine.
Jacques Coulondres, commissaire d'artillerie à Nar-
    bonne, acquéreur en........................    1720
Marguerite de Maignonis, femme de Jacques Coulondres.
François de Castan, acquéreur en................    1741
Jean-François de Castan, fils de François.. .........
Marc-Antoine de Martrin-Donos, époux de Madeleine
    de Gros d'Homps, petite-nièce de Jean-François de
    Castan...................................    1811
Gustave de Martrin-Donos, fils de Marc-Antoine. ....    1850